AF249975

Contraste insuffisant
NF Z 43-120-14

Illisibilité partielle

Valable pour tout ou partie
du document reproduit

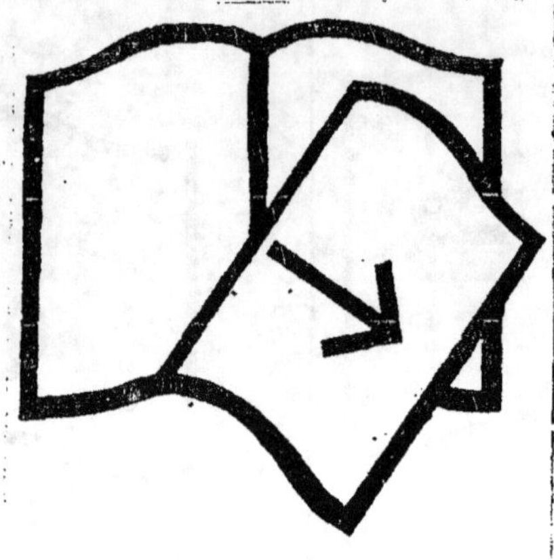

Couverture inférieure manquante

Original en couleur

NF Z 43-120-8

SÉJOURS DE CHARLES VIII

(1483-1498)

PAR

ERNEST PETIT

PRÉSIDENT DE LA SOCIÉTÉ DES SCIENCES HISTORIQUES ET NATURELLES DE L'YONNE
MEMBRE NON RÉSIDANT
DU COMITÉ DES TRAVAUX HISTORIQUES ET SCIENTIFIQUES

Extrait du *Bulletin historique et philologique*, 1896

PARIS

IMPRIMERIE NATIONALE

M DCCC XCVI

SÉJOURS DE CHARLES VIII

(1483-1498)

PAR

ERNEST PETIT

PRÉSIDENT DE LA SOCIÉTÉ DES SCIENCES HISTORIQUES ET NATURELLES DE L'YONNE
MEMBRE NON RÉSIDANT
DU COMITÉ DES TRAVAUX HISTORIQUES ET SCIENTIFIQUES

Extrait du *Bulletin historique et philologique,* 1896

PARIS

IMPRIMERIE NATIONALE

M DCCC XCVI

DON
DE LISLE BURNOUF

SÉJOURS DE CHARLES VIII

(1483-1498).

Ce présent recueil des séjours de Charles VIII est le plus complet des séjours royaux publiés jusqu'ici, par suite de l'abondance des documents, qui deviennent de plus en plus nombreux à mesure qu'on se rapproche de l'époque moderne.

Certaines périodes ne présentent même pas de lacunes, lorsqu'on a la bonne fortune de rencontrer des comptes seigneuriaux accusant jour par jour la présence du roi. Les registres journaliers de Louis II de la Trémoille, premier chambellan, favori et compagnon de Charles VIII, nous ont permis d'arriver à ce résultat, et nous ont rendu les mêmes services que les *escroës* de Philippe le Hardi et de Jean sans Peur pour les règnes de Charles V et de Charles VI. Nous ne pouvons que remercier M. le duc de la Trémoille d'avoir bien voulu mettre ces précieux documents à notre disposition, et lui rendre grâce d'une obligeance qui est une véritable collaboration.

Une autre collaboration, sans laquelle ce travail n'eût pas été entrepris, est celle du savant historien du règne de Charles VIII, M. Pélicier, archiviste du département de la Marne, qui depuis de longues années a réuni tous les matériaux relatifs à cette époque, dont il a fait revivre l'histoire dans de remarquables publications. C'est lui qui a commencé ce recueil en notant les lettres missives et les ordonnances, et c'est sur ses instances que nous le livrons à l'impression, malgré des lacunes que des trouvailles nouvelles pourraient sans doute combler.

On n'a pas omis de consulter les autres sources d'information qui pouvaient être de quelque utilité, — les titres originaux —

les registres du Trésor des chartes — les registres du Parlement — les registres du Châtelet — les volumes de la collection Gaignières, et parmi les imprimés qui étaient de nature à éclairer plus particulièrement notre sujet, les historiens et les chroniqueurs de ce règne, les séjours de Charles VIII à Lyon et à Rome, publiés par M. Gonon [1], l'entrée du roi à Rouen, en 1485 [2], etc.

Plusieurs des registres de la chancellerie de Charles VIII fournissent des lettres de rémission données à peu d'exception près par le conseil du roi, avec la date du mois et de l'année, mais rarement avec la date du jour. Ces documents ne nous ont pas fourni les ressources que nous espérions y trouver pour la fixation des séjours.

On croit inutile de reproduire à la suite de chaque localité les lettres indiquant le fonds auquel est empruntée la mention; on se contentera de signaler les ordonnances et les lettres missives, en désignant les premières par la lettre O, les secondes par la lettre L.

Pendant certaines époques, et notamment pendant le séjour du roi à Rome, on pourrait donner heure par heure l'emploi de chaque journée, mais il faut supprimer à regret beaucoup d'indications intéressantes, pour ne pas dépasser les limites du cadre restreint adopté pour cette publication.

Les séjours de novembre 1486 sont difficiles à fixer exactement. Le roi paraît avoir résidé dans l'Orléanais et dans la Touraine, alors qu'on a des diplômes datés d'Évreux, de Paris et de Rouen, diplômes délivrés sans doute par les enquêteurs royaux.

Mêmes incertitudes pour le mois de juin 1493. On a des séjours à Paris, indiqués par des chartes données *par le roi*, alors que le Trésor des chartes [3] notifie le passage du roi à Saint-Esprit-de-Rue, Laon, Folleville, Noyon, Amiens, Corbie, Montreuil-sur-Mer, Boulogne-sur-Mer, Hesdin, et une entrée à Ham. Il est à peu près certain que pendant ce déplacement la chancellerie n'avait pas quitté Paris.

En juin 1494, des diplômes sont datés de Saint-Claude, Mâcon,

---

[1] *Séjours de Charles VIII et Louis XII à Lyon sur le Rosne*, Lyon, 1841, in-8°, jouxte la copie des gestes et victoires des roys Charles VIII et Loys XII. — *Séjours de Charles VIII à Rome*, 1494, Lyon, 1842, 16 pages in-8°, extraicte de la très curieuse et chevaleresque hystoire de la conqueste de Naples.

[2] *Mémoires de la Soc. des Antiq. de Normandie*, 1853.

[3] Voir Arch. nat., J. 956 s, fol. 60; 134, 136, 137, 170, 188.

Rouvre et principalement de Dijon. L'entrée dans cette dernière ville est du 19 ; le roi avait dû passer à Mâcon le 17, et effectuer par eau le trajet de Lyon à Chalon-sur Saône.

Pendant la campagne d'Italie, la chancellerie se tint en permanence à Moulins, d'où sont datés tous les actes.

SÉJOURS DE CHARLES VIII

(1483-1498).

	1483. — PÂQUES, 30 mars.		
AOÛT.		**SEPTEMBRE.**	
		1 Lun.	Amboise (L).
		2 Mar.	Amboise (O).
		3 Mer.	Amboise (L).
		4 Jeud.	
		5 Vend.	
		6 Sam.	
		7 Dim.	
		8 Lun.	Amboise (L).
		9 Mar.	
		10 Mer.	
		11 Jeud.	Amboise (L).
		12 Vend.	Amboise (O).
		13 Sam.	
		14 Dim.	
		15 Lun.	Amboise (O).
		16 Mar.	Amboise (L).
		17 Mer.	Amboise (O).
		18 Jeud.	Amboise (O).
		19 Vend.	Amboise.
		20 Sam.	Amboise (L).
		21 Dim.	Amboise (L).
		22 Lun.	Amboise (O).
		23 Mar.	Amboise.
		24 Mer.	Amboise (O).
		25 Jeud.	Amboise (O).
		26 Vend.	Amboise.
		27 Sam.	Amboise (O).
		28 Dim.	
29 Vend.		29 Lun.	Amboise (O).
30 Sam.	*Mort de Louis XI à Plessis-les-Tours.*	30 Mar.	Amboise (O).
31 Dim.			

1483. — PÂQUES, 30 mars.

OCTOBRE.		NOVEMBRE.	
1 Mer.	*Amboise.*	1 Sam.	
2 Jeud.	*Amboise.*	2 Dim.	
3 Vend.	*Amboise* (L).	3 Lun.	
4 Sam.	*Amboise* (L).	4 Mar.	*Blois* (O).
5 Dim.	*Amboise.*	5 Mer.	*Blois* (L), (O).
6 Lun.	*Amboise.*	6 Jeud.	*Blois.*
7 Mar.	*Amboise.*	7 Vend.	
8 Mer.	*Amboise* (L).	8 Sam.	
9 Jeud.	*Amboise* (L).	9 Dim.	*Beaugency* (O).
10 Vend.	*Blois, Amboise* (O).	10 Lun.	*Beaugency* (O).
11 Sam.	*Amboise* (O).	11 Mar.	
12 Dim.	*Amboise* (O).	12 Mer.	*Beaugency* (O).
13 Lun.	*Amboise* (A), (G).	13 Jeud.	*Beaugency* (L), (O); *Meung.*
14 Mar.	*Amboise* (B), (G); *Blois* (G).	14 Vend.	*Meung-sur-Loire* (O).
15 Mer.	*Amboise* (O).	15 Sam.	*Beaugency* (O).
16 Jeud.	*Amboise* (O).	16 Dim.	*Beaugency.*
17 Vend.	*Chaumont-sur-Loire, Amboise* (O).	17 Lun.	
18 Sam.	*Amboise.*	18 Mar.	*Beaugency* (O).
19 Dim.	*Blois* (O).	19 Mer.	
20 Lun.	*Blois.*	20 Jeud.	*Beaugency* (O).
21 Mar.	*Blois.*	21 Vend.	*Beaugency* (O).
22 Mer.	*Blois.*	22 Sam.	*Beaugency* (O).
23 Jeud.	*Blois* (O).	23 Dim.	*Beaugency.*
24 Vend.	*Blois* (O).	24 Lun.	
25 Sam.	*Blois* (O).	25 Mar.	*Meung-sur-Loire.*
26 Dim.	*Blois* (O).	26 Mer.	
27 Lun.	*Blois* (O).	27 Jeud.	*Meung-sur-Loire* (O).
28 Mar.	*Blois* (L).	28 Vend.	*Meung-sur-Loire.*
29 Mer.	*Blois* (O).	29 Sam.	*Cléry* (O).
30 Jeud.	*Blois.* — *Tours* (L).	30 Dim.	
31 Vend.	*Blois* (O).		

DÉCEMBRE.			
1 Lun.	*Tours.*	17 Mer.	
2 Mar.	*Cléry* (O).	18 Jeud.	
3 Mer.		19 Vend.	
4 Jeud.	*Cléry* (O).	20 Sam.	*Amboise* (O).
5 Vend.	*Cléry* (O).	21 Dim.	*Amboise.*
6 Sam.	*Orléans* (O).	22 Lun.	*Amboise.*
7 Dim.		23 Mar.	*Amboise* (O).
8 Lun.	*Cléry* (O).	24 Mer.	*Amboise.*
9 Mar.	*Notre-Dame-de-Cléry.*	25 Jeud.	*Amboise.*
10 Mer.	*Cléry* (L).	26 Vend.	
11 Jeud.	*Cléry* (O).	27 Sam.	*Amboise* (O).
12 Vend.	*Cléry* (O).	28 Dim.	*Amboise.*
13 Sam.		29 Lun.	
14 Dim.		30 Mar.	
15 Lun.	*Orléans.*	31 Mer.	*Montils-les-Tours.*
16 Mar.			

1484. — PÂQUES, 18 avril.

JANVIER.

1	Jeud.	*Montils-les-Tours.*
2	Vend.	
3	Sam.	*Montils-les-Tours* (O).
4	Dim.	
5	Lun.	*Montils-les-Tours.*
6	Mar.	*Tours.*
7	Mer.	*Montils.*
8	Jeud.	*Tours.*
9	Vend.	
10	Sam.	*Tours* (O).
11	Dim.	*Plessis-du-Parc.*
12	Lun.	*Tours.*
13	Mar.	*Plessis, Montils* (O).
14	Mer.	*Tours.*
15	Jeud.	*Tours.*
16	Vend.	*Tours.*
17	Sam.	*Tours.*
18	Dim.	*Montils.*
19	Lun.	*Plessis-du-Parc* (L).
20	Mar.	*Tours* (O).
21	Mer.	*Tours, Montils.*
22	Jeud.	*Tours* (O).
23	Vend.	*Tours.*
24	Sam.	*Plessis, Montils.*
25	Dim.	
26	Lun.	*Tours.*
27	Mar.	
28	Mer.	*Montils-les-Tours.*
29	Jeud.	*Tours.*
30	Vend.	*Montils-les-Tours.*
31	Sam.	

FÉVRIER.

1	Dim.	
2	Lun.	
3	Mar.	*Tours* (B), (G).
4	Mer.	
5	Jeud.	*Montils-les-Tours.*
6	Vend.	*Tours* (O).
7	Sam.	*Montils* (O).
8	Dim.	
9	Lun.	*Montils-les-Tours.*
10	Mar.	*Tours.*
11	Mer.	*Montils.*
12	Jeud.	*Tours.*
13	Vend.	*Montils-les-Tours* (O).
14	Sam.	*Montils* (O).
15	Dim.	*Montils-les-Tours* (O).
16	Lun.	*Montils* (O).
17	Mar.	
18	Mer.	
19	Jeud.	*Tours.*
20	Vend.	
21	Sam.	
22	Dim.	*Montils.*
23	Lun.	*Montils.*
24	Mar.	*Tours* (O).
25	Mer.	*Montils-les-Tours.*
26	Jeud.	*Montils* (O).
27	Vend.	*Tours* (O).
28	Sam.	*Montils* (O).
29	Dim.	*Tours* (O).

MARS.

1	Lun.	
2	Mar.	*Tours.*
3	Mer.	*Tours.*
4	Jeud.	
5	Vend.	*Tours, Plessis-du-Parc.*
6	Sam.	*Montils.*
7	Dim.	*Montils* (O).
8	Lun.	*Tours* (T).
9	Mar.	*Tours.*
10	Mer.	*Plessis-du-Parc.*
11	Jeud.	*Montils, Tours* (O).
12	Vend.	*Plessis* (L).
13	Sam.	*Plessis-du-Parc.*
14	Dim.	
15	Lun.	*Tours* (O).
16	Mar.	*Montils* (O).
17	Mer.	
18	Jeud.	
19	Vend.	*Montils* (O).
20	Sam.	*Tours* (O).
21	Dim.	
22	Lun.	*Plessis-du-Parc.*
23	Mar.	
24	Mer.	*Montils* (O).
25	Jeud.	
26	Vend.	*Tours* (O), *Montils.*
27	Sam.	*Tours* (O).
28	Dim.	
29	Lun.	*Tours.*
30	Mar.	*Amboise.*
31	Mer.	*Amboise.*

1484. — PÂQUES, 18 avril.

AVRIL.

1	Jeud.	
2	Vend.	*Amboise* (L).
3	Sam.	*Amboise* (O).
4	Dim.	*Amboise* (O).
5	Lun.	*Amboise.*
6	Mar.	*Amboise* (O).
7	Mer.	
8	Jeud.	
9	Vend.	
10	Sam.	
11	Dim.	
12	Lun.	
13	Mar.	
14	Mer.	*Chartres.*
15	Jeud.	*Chartres.*
16	Vend.	*Chartres* (O).
17	Sam.	*Chartres.*
18	Dim.	*Chartres.*
19	Lun.	
20	Mar.	*Chartres.*
21	Mer.	*Chartres.*
22	Jeud.	*Chartres.*
23	Vend.	*Étampes.*
24	Sam.	
25	Dim.	
26	Lun.	
27	Mar.	
28	Mer.	
29	Jeud.	
30	Vend.	*Vincennes.*

Évreux.

MAI.

1	Sam.	*Vincennes.*
2	Dim.	
3	Lun.	*Vincennes* (O).
4	Mar.	*Vincennes* (O).
5	Mer.	
6	Jeud.	
7	Vend.	*Vincennes.*
8	Sam.	*Vincennes* (O).
9	Dim.	
10	Lun.	*Paris* (O).
11	Mar.	
12	Mer.	*Vincennes.*
13	Jeud.	*Vincennes* (O).
14	Vend.	
15	Sam.	
16	Dim.	
17	Lun.	
18	Mar.	*Meaux.*
19	Mer.	*Meaux.*
20	Jeud.	*Meaux.*
21	Vend.	*Meaux.*
22	Sam.	
23	Dim.	
24	Lun.	*Meaux* (O).
25	Mar.	
26	Mer.	
27	Jeud.	
28	Vend.	
29	Sam.	
30	Dim.	*Reims* (L), *Sacre du Roi.*
31	Lun.	*Reims.*

Lisy-sur-Oure.

JUIN.

1	Mar.	*Reims* (O).
2	Mer.	*Corbeny.*
3	Jeud.	
4	Vend.	
5	Sam.	
6	Dim.	
7	Lun.	
8	Mar.	
9	Mer.	
10	Jeud.	*Paris* (O).
11	Vend.	
12	Sam.	*Paris* (O).
13	Dim.	*Vincennes* (O).
14	Lun.	*Paris.*
15	Mar.	*Vincennes, Paris* (O).
16	Mer.	*Paris.*
17	Jeud.	
18	Vend.	*Paris, Vincennes.*
19	Sam.	*Paris, Vincennes.*
20	Dim.	
21	Lun.	*Paris.*
22	Mar.	
23	Mer.	
24	Jeud.	
25	Vend.	*Paris.*
26	Sam.	*Vincennes.*
27	Dim.	
28	Lun.	
29	Mar.	
30	Mer.	*Vincennes, Paris* (O).

1484. — PÂQUES, 18 avril.

JUILLET.		AOÛT.	
1 Jeud.	*Vincennes* (O).	1 Dim.	*Paris* (O).
2 Vend.		2 Lun.	*Paris* (L).
3 Sam.		3 Mar.	*Paris.*
4 Dim.	*Paris.*	4 Mer.	
5 Lun.	*Paris.*	5 Jeud.	*Paris.*
6 Mar.		6 Vend.	*Paris.*
7 Mer.	*Paris.*	7 Sam.	*Paris.*
8 Jeud.	*Paris.*	8 Dim.	
9 Vend.	*Paris.*	9 Lun.	*Paris.*
10 Sam.		10 Mar.	
11 Dim.		11 Mer.	*Paris.*
12 Lun.		12 Jeud.	*Paris.*
13 Mar.	*Paris* (O).	13 Vend.	*Paris.*
14 Mer.		14 Sam.	*Paris.*
15 Jeud.	*Vincennes* (O).	15 Dim.	
16 Vend.	*Vincennes.*	16 Lun.	*Paris.*
17 Sam.	*Vincennes, Paris.*	17 Mar.	*Paris* (O).
18 Dim.		18 Mer.	*Paris.*
19 Lun.	*Paris, Vincennes.*	19 Jeud.	*Paris.*
20 Mar.		20 Vend.	*Paris.*
21 Mer.	*Paris.*	21 Sam.	*Paris.*
22 Jeud.	*Paris* (O).	22 Dim.	
23 Vend.	*Paris.*	23 Lun.	*Paris* (O).
24 Sam.	*Paris.*	24 Mar.	*Paris.*
25 Dim.		25 Mer.	*Vincennes* (O).
26 Lun.	*Paris* (O).	26 Jeud.	*Paris* (O).
27 Mer.	*Paris* (O).	27 Vend.	*Vincennes.*
28 Mer.		28 Sam.	*Vincennes.*
29 Jeud.	*Vincennes* (L).	29 Dim.	
30 Vend.		30 Lun.	
31 Sam.	*Vincennes.*	31 Mar.	

Saint-Denis.

SEPTEMBRE.			
1 Mer.		17 Jeud.	*Paris.*
2 Jeud.		18 Sam.	
3 Vend.	*Vincennes* (O).	19 Dim.	
4 Sam.	*Paris* (O).	20 Lun.	
5 Dim.		21 Mar.	
6 Lun.	*Vincennes.*	22 Mar.	*Bois-Malesherbes.*
7 Mar.		23 Jeud.	*Bois-Malesherbes* (O).
8 Mer.		24 Vend.	
9 Jeud.	*Paris.*	25 Sam.	
10 Vend.	*Paris.*	26 Dim.	
11 Sam.	*Vincennes.*	27 Lun.	*Montargis.*
12 Dim.		28 Mar.	*Montargis.*
13 Lun.	*Vincennes.*	29 Mer.	*Montargis.*
14 Mar.		30 Jeud.	*Montargis.*
15 Mer.			
16 Jeud.	*Paris* (O).		

Abbeville, canton de Méréville (Seine-et-Oise).

1484. — PÂQUES, 18 avril.

OCTOBRE.

1	Vend.	*Montargis.*
2	Sam.	*Montargis* (O).
3	Dim.	*Montargis.*
4	Lun.	*Montargis.*
5	Mar.	*Montargis.*
6	Mer.	*Montargis.*
7	Jeud.	*Montargis.*
8	Vend.	*Montargis.*
9	Sam.	*Montargis.*
10	Dim.	*Montargis.*
11	Lun.	*Montargis.*
12	Mar.	*Montargis.*
13	Mer.	
14	Jeud.	
15	Vend.	*Montargis* (O).
16	Sam.	*Montargis.*
17	Dim.	*Montargis.*
18	Lun.	*Montargis.*
19	Mar.	
20	Mer.	
21	Jeud.	
22	Vend.	*Montargis* (O).
23	Sam.	*Montargis* (O).
24	Dim.	*Montargis.*
25	Lun.	*Montargis.*
26	Mar.	
27	Mer.	
28	Jeud.	*Gien.*
29	Vend.	
30	Sam.	
31	Dim.	*Gien-sur-Loire.*

NOVEMBRE.

1	Lun.	*Gien-sur-Loire.*
2	Mar.	
3	Mer.	*Gien.*
4	Jeud.	*Gien.*
5	Vend.	*Gien.*
6	Sam.	*Gien.*
7	Dim.	*Gien* (O).
8	Lun.	*Gien.*
9	Mar.	*Gien.*
10	Mer.	*Gien.*
11	Jeud.	*Gien.*
12	Vend.	
13	Sam.	*Sully, Gien-sur-Loire* (O).
14	Dim.	*Gien.*
15	Lun.	
16	Mar.	
17	Mer.	*Gien.*
18	Jeud.	*Sully.*
19	Vend.	*Gien.*
20	Sam.	*Gien.*
21	Dim.	*Gien.*
22	Lun.	*Gien.*
23	Mar.	*Gien.*
24	Mer.	*Gien.*
25	Jeud.	*Gien.*
26	Vend.	*Gien.*
27	Sam.	*Saint-Laurent-des-Eaux* (L).
28	Dim.	*Gien* (O).
29	Lun.	*Gien.*
30	Mar.	

DÉCEMBRE.

1	Mer.	*Gien-sur-Loire* (O).
2	Jeud.	*Gien.*
3	Vend.	*Gien-sur-Loire* (O).
4	Sam.	*Gien.*
5	Dim.	*Gien.*
6	Lun.	*Gien* (O).
7	Mar.	*Gien.*
8	Mer.	*Gien.*
9	Jeud.	*Gien* (O).
10	Vend.	*Gien-sur-Loire* (L).
11	Sam.	*Gien.*
12	Dim.	
13	Lun.	*Gien* (O).
14	Mar.	*Gien.*
15	Mer.	
16	Jeud.	
17	Vend.	*Sully-sur-Loire* (O).
18	Sam.	*Sully-sur-Loire* (O).
19	Dim.	
20	Lun.	
21	Mar.	
22	Mer.	*Montargis.*
23	Jeud.	*Montargis.*
24	Vend.	
25	Sam.	
26	Dim.	
27	Lun.	*Montargis* (O).
28	Mar.	*Montargis.*
29	Mer.	*Montargis.*
30	Jeud.	
31	Vend.	*Montargis.*

1885. — PÂQUES, 3 avril.

JANVIER.

1	Sam.	
2	Dim.	
3	Lun.	
4	Mar.	*Montargis.*
5	Mer.	*Montargis.*
6	Jeud.	
7	Vend.	
8	Sam.	*Montargis.*
9	Dim.	
10	Lun.	*Montargis.*
11	Mar.	*Montargis* (O).
12	Mer.	*Montargis.*
13	Jeud.	*Montargis* (O).
14	Vend.	
15	Sam.	*Montargis.*
16	Dim.	*Montargis.*
17	Lun.	
18	Mar.	*Montargis* (L).
19	Mer.	*Montargis.*
20	Jeud.	*Montargis* (L).
21	Vend.	
22	Sam.	
23	Dim.	*Montargis.*
24	Lun.	
25	Mar.	
26	Mer.	*Bois-Malesherbes.*
27	Jeud.	*Bois-Malesherbes* (L).
28	Vend.	*Melun* (O).
29	Sam.	*Melun* (L).
30	Dim.	
31	Lun.	

FÉVRIER.

1	Mar.	
2	Mer.	
3	Jeud.	
4	Vend.	*Paris* (L).
5	Sam.	*Paris* (O).
6	Dim.	*Paris.*
7	Lun.	
8	Mar.	
9	Mer.	
10	Jeud.	*Paris.*
11	Vend.	
12	Sam.	
13	Dim.	
14	Lun.	*Paris* (O).
15	Mar.	
16	Mer.	
17	Jeud.	
18	Vend.	*Paris.*
19	Sam.	*Paris* (O).
20	Dim.	
21	Lun.	
22	Mar.	
23	Mer.	
24	Jeud.	
25	Vend.	
26	Sam.	
27	Dim.	
28	Lun.	

MARS.

1	Mar.	*Paris.*
2	Mer.	*Paris.*
3	Jeud.	*Saint-Denis* (O).
4	Vend.	
5	Sam.	
6	Dim.	
7	Lun.	
8	Mar.	*Pontoise* (L).
9	Mer.	
10	Jeud.	
11	Vend.	
12	Sam.	*Evreux* (O).
13	Dim.	
14	Lun.	*Evreux* (O).
15	Mar.	*Evreux* (O).
16	Mer.	
17	Jeud.	
18	Vend.	
19	Sam.	*Evreux* (O).
20	Dim.	*Evreux* (O).
21	Lun.	*Evreux* (O).
22	Mar.	*Evreux.*
23	Mer.	*Evreux* (O).
24	Jeud.	*Evreux* (O).
25	Vend.	
26	Sam.	
27	Dim.	*Evreux.*
28	Lun.	*Evreux* (L).
29	Mar.	
30	Mer.	*Evreux* (O).
31	Jeud.	

1485. — PÂQUES, 3 avril.

AVRIL.

1	Vend.	*Evreux* (O).
2	Sam.	*Evreux* (O).
3	Dim.	
4	Lun.	*Evreux.*
5	Mar.	
6	Mer.	*Evreux* (O).
7	Jeud.	
8	Vend.	*Louviers.*
9	Sam.	*Pont-de-l'Arche.*
10	Dim.	
11	Lun.	
12	Mar.	*Elbeuf* (O).
13	Mer.	
14	Jeud.	*Rouen, entrée.*
15	Vend.	*Rouen.*
16	Sam.	
17	Dim.	
18	Lun.	*Rouen* (O).
19	Mar.	*Rouen* (L).
20	Mer.	*Rouen.*
21	Jeud.	
22	Vend.	*Rouen* (O).
23	Sam.	
24	Dim.	*Rouen.*
25	Lun.	*Rouen.*
26	Mar.	*Rouen* (O).
27	Mer.	*Rouen.*
28	Jeud.	
29	Vend.	*Rouen* (L).
30	Sam.	*Rouen.*

MAI.

1	Dim.	*Rouen.*
2	Lun.	
3	Mar.	*Rouen* (L).
4	Mer.	*Rouen* (L).
5	Jeud.	*Rouen* (O).
6	Vend.	
7	Sam.	
8	Dim.	*Rouen.*
9	Lun.	*Rouen* (O).
10	Mar.	*Rouen.*
11	Mer.	
12	Jeud.	
13	Vend.	
14	Sam.	
15	Dim.	*Rouen.*
16	Lun.	
17	Mar.	*Rouen.*
18	Mer.	
19	Jeud.	
20	Vend.	
21	Sam.	
22	Dim.	
23	Lun.	*Rouen.*
24	Mar.	*Rouen* (O).
25	Mer.	*Rouen.*
26	Jeud.	*Rouen* (O).
27	Vend.	*Rouen.*
28	Sam.	*Rouen.*
29	Dim.	
30	Lun.	*Blainville* (O).
31	Mar.	*Blainville* (O).

JUIN.

1	Mer.	
2	Jeud.	*Arques.*
3	Vend.	
4	Sam.	
5	Dim.	
6	Lun.	
7	Mar.	
8	Mer.	
9	Jeud.	
10	Vend.	
11	Sam.	
12	Dim.	
13	Lun.	
14	Mar.	
15	Mer.	
16	Jeud.	
17	Vend.	*Poissy* (L).
18	Sam.	
19	Dim.	
20	Lun.	
21	Mar.	
22	Merc.	*Paris.*
23	Jeud.	
24	Vend.	
25	Sam.	*Paris* (O).
26	Dim.	
27	Lun.	
28	Mar.	
29	Mer.	*Paris* (O).
30	Jeud.	*Paris.*

Rouen (T 224, 66).

1485. — PÂQUES, 3 avril.

JUILLET.

1	Vend.	
2	Sam.	*Paris* (O).
3	Dim.	
4	Lun.	
5	Mar.	
6	Mer.	
7	Jeud.	
8	Vend.	
9	Sam.	
10	Dim.	*Paris* (O).
11	Lun.	*Paris.*
12	Mar.	
13	Mer.	
14	Jeud.	*Paris* (O).
15	Vend.	
16	Sam.	
17	Dim.	
18	Lun.	
19	Mar.	*Vincennes* (L).
20	Mer.	
21	Jeud.	
22	Vend.	
23	Sam.	*Paris* (O).
24	Dim.	
25	Lun.	
26	Mar.	
27	Mer.	*Paris* (O).
28	Jeud.	
29	Vend.	
30	Sam.	
31	Dim.	

AOÛT.

1	Lun.	
2	Mar.	
3	Mer.	
4	Jeud.	
5	Vend.	
6	Sam.	
7	Dim.	
8	Lun.	
9	Mar.	
10	Mer.	
11	Jeud.	
12	Vend.	*Bois de Vincennes.*
13	Sam.	
14	Dim.	*Paris.*
15	Lun.	*Paris* (O).
16	Mar.	*Paris* (O).
17	Mer.	
18	Jeud.	
19	Vend.	
20	Sam.	*Marcoussis.*
21	Dim.	*Marcoussis* (L).
22	Lun.	
23	Mar.	*Malesherbes* (L).
24	Mer.	
25	Jeud.	
26	Vend.	
27	Sam.	*Orléans.*
28	Dim.	*Milly* (L).
29	Lun.	
30	Mar.	
31	Mer.	*Orléans* (L).

SEPTEMBRE.

1	Jeud.	*Orléans* (L).	17	Sam.	
2	Vend.		18	Dim.	
3	Sam.		19	Lun.	
4	Dim.		20	Mar.	
5	Lun.		21	Mer.	
6	Mar.		22	Jeud.	*Beaugency* (L).
7	Mer.	*Orléans* (O).	23	Vend.	
8	Jeud.	*Orléans.*	24	Sam.	*Orléans.*
9	Vend.		25	Dim.	
10	Sam.		26	Lun.	
11	Dim.	*Orléans* (O).	27	Mar.	
12	Lun.		28	Mer.	
13	Mar.		29	Jeud.	
14	Mer.		30	Vend.	*Blois* (L).
15	Jeud.	*Orléans* (O).			
16	Vend.	*Orléans* (O).			

1885. — PÂQUES, 3 avril.

OCTOBRE.

1	Sam.	
2	Dim.	
3	Lun.	
4	Mar.	*Blois.*
5	Mer.	*Blois* (O).
6	Jeud.	
7	Vend.	
8	Sam.	*Villefranche-sur-Cher.*
9	Dim.	
10	Lun.	
11	Mar.	
12	Mer.	
13	Jeud.	
14	Vend.	
15	Sam.	
16	Dim.	*Bourges* (O).
17	Lun.	
18	Mar.	*Dun-le-Roi* (O).
19	Mer.	
20	Jeud.	
21	Vend.	
22	Sam.	
23	Dim.	*Dun-le-Roi* (O).
24	Lun.	
25	Mar.	
26	Mer.	*Bourges* (O).
27	Jeud.	
28	Vend.	*Bourges* (O).
29	Sam.	
30	Dim.	*Bourges.*
31	Lun.	

NOVEMBRE.

1	Mar.	
2	Mer.	*Bourges* (O).
3	Jeud.	
4	Vend.	
5	Sam.	
6	Dim.	
7	Lun.	
8	Mar.	
9	Mer.	
10	Jeud.	*Montargis.*
11	Vend.	*Montargis, Puiseaux* (L).
12	Sam.	
13	Dim.	
14	Lun.	
15	Mar.	*Melun* (O).
16	Mer.	
17	Jeud.	
18	Vend.	
19	Sam.	
20	Dim.	
21	Lun.	*Melun.*
22	Mar.	
23	Mer.	*Melun* (O).
24	Jeud.	*Melun* (L).
25	Vend.	
26	Sam.	*Melun* (L).
27	Dim.	
28	Lun.	
29	Mar.	*Melun* (O).
30	Mer.	*Melun.*

DÉCEMBRE.

1	Jeud.	
2	Vend.	
3	Sam.	
4	Dim.	
5	Lun.	
6	Mar.	
7	Mer.	*Melun* (O).
8	Jeud.	*Melun* (O).
9	Vend.	
10	Sam.	*Melun.*
11	Dim.	
12	Lun.	
13	Mar.	*Melun.*
14	Mer.	*Melun* (O).
15	Jeud.	
16	Vend.	
17	Sam.	*Melun* (O).
18	Dim.	*Melun* (O).
19	Lun.	*Melun* (O).
20	Mar.	
21	Mer.	
22	Jeud.	
23	Vend.	*Melun* (O).
24	Sam.	
25	Dim.	*Paris.*
26	Lun.	*Paris* (O).
27	Mar.	
28	Mer.	*Paris* (O).
29	Jeud.	
30	Vend.	
31	Sam.	

1486. — PÂQUES, 26 mars.

JANVIER.

1	Dim.	
2	Lun.	
3	Mar.	
4	Mer.	
5	Jeud.	
6	Vend.	
7	Sam.	*Paris* (O).
8	Dim.	*Paris* (O). .
9	Lun.	
10	Mar.	
11	Mer.	
12	Jeud.	*Vincennes.*
13	Vend.	*Vincennes.*
14	Sam.	
15	Dim.	
16	Lun.	
17	Mar.	*Melun* (O).
18	Mer.	*Melun.*
19	Jeud.	
20	Vend.	
21	Sam.	
22	Dim.	
23	Lun.	*Melun.*
24	Mar.	
25	Mer.	
26	Jeud.	
27	Vend.	*Melun.*
28	Sam.	
29	Dim.	
30	Lun.	
31	Mar.	

FÉVRIER.

1	Mer.	*Corbeil* (O).
2	Jeud.	
3	Vend.	
4	Sam.	
5	Dim.	
6	Lun.	
7	Mar.	
8	Mer.	*Paris* (O).
9	Jeud.	*Paris.*
10	Vend.	
11	Sam.	*Paris* (O).
12	Dim.	
13	Lun.	
14	Mar.	*Vincennes* (L).
15	Mer.	
16	Jeud.	
17	Vend.	*Vincennes* (L).
18	Sam.	
19	Dim.	
20	Lun.	
21	Mar.	*Paris.*
22	Mer.	
23	Jeud.	
24	Vend.	*Paris.*
25	Sam.	*Paris.*
26	Dim.	
27	Lun.	
28	Mar.	

MARS.

1	Mer.	
2	Jeud.	
3	Vend.	
4	Sam.	
5	Dim.	*Paris.*
6	Lun.	*Saint-Germain-en-Laye.*
7	Mar.	*Saint-Germain* (L).
8	Mer.	
9	Jeud.	
10	Vend.	
11	Sam.	
12	Dim.	
13	Lun.	
14	Mar.	
15	Mer.	*Paris.*
16	Jeud.	
17	Vend.	*Paris* (L).
18	Sam.	*Paris* (O).
19	Dim.	
20	Lun.	*Paris* (O).
21	Mar.	*Vincennes.*
22	Mer.	
23	Jeud.	*Vincennes.*
24	Vend.	
25	Sam.	
26	Dim.	
27	Lun.	
28	Mar.	
29	Mer.	*Paris.*
30	Jeud.	
31	Vend.	

1456. — PÂQUES, 26 mars.

AVRIL.		MAI.	
1 Sam.	Corbeil.	1 Lun.	
2 Dim.		2 Mar.	
3 Lund.		3 Mer.	
4 Mar.		4 Jeud.	
5 Mer.		5 Vend.	Montereau.
6 Jeud.		6 Sam.	
7 Vend.		7 Dim.	
8 Sam.		8 Lun.	
9 Dim.	Paris.	9 Mar.	
10 Lun.	Paris.	10 Mer.	Troyes.
11 Mar.		11 Jeud.	Saint-Lyé, Troyes.
12 Mer.		12 Vend.	Troyes.
13 Jeud.	Vincennes (L).	13 Sam.	
14 Vend.		14 Dim.	
15 Sam.		15 Lun.	
16 Dim.		16 Mar.	
17 Lun.	Paris.	17 Mer.	
18 Mar.	Paris.	18 Jeud.	Troyes (O).
19 Mer.		19 Vend.	Troyes (L).
20 Jeud.	Vincennes (O).	20 Sam.	
21 Vend.		21 Dim.	
22 Sam.		22 Lun.	Troyes (L).
23 Dim.		23 Mar.	
24 Lun.		24 Mer.	
25 Mar.		25 Jeud.	
26 Mer.		26 Vend.	Troyes (O).
27 Jeud.		27 Sam.	Troyes (O).
28 Vend.		28 Dim.	Troyes (O).
29 Sam.		29 Lun.	Troyes (L).
30 Dim.		30 Mar.	
		31 Mer.	Troyes.

JUIN.			
1 Jeud.	Troyes (O).	17 Sam.	
2 Vend.		18 Dim.	
3 Sam.		19 Lun.	
4 Dim.		20 Mar.	Melun (L).
5 Lun.		21 Mer.	
6 Mar.	Troyes (O).	22 Jeud.	
7 Mer.		23 Vend.	
8 Jeud.		24 Sam.	
9 Vend.		25 Dim.	Paris.
10 Sam.	Troyes (O).	26 Lun.	Paris.
11 Dim.	Troyes.	27 Mar.	Vincennes.
12 Lun.	Troyes (L).	28 Mer.	Vincennes (L).
13 Mar.	Troyes (O).	29 Jeud.	
14 Mer.	Troyes (O).	30 Vend.	
15 Jeud.	Troyes (O).		
16 Vend.	Troyes.		

1486. — PÂQUES, 28 mars.

JUILLET.		AOÛT.	
1 Sam.		1 Mar.	
2 Dim.		2 Mer.	*Senlis.*
3 Lun.		3 Jeud.	*Senlis* (O).
4 Mar.	*Vincennes* (L).	4 Vend.	*Senlis.*
5 Mer.		5 Sam.	*Senlis.*
6 Jeud.		6 Dim.	
7 Vend.	*Vincennes* (L).	7 Lun.	*Senlis* (L).
8 Sam.		8 Mar.	
9 Dim.	*Paris.*	9 Mer.	
10 Lun.		10 Jeud.	*Paris.*
11 Mar.		11 Vend.	
12 Mer.	*Paris.*	12 Sam.	*Senlis* (O).
13 Jeud.		13 Dim.	
14 Vend.		14 Lun.	*Senlis.*
15 Sam.		15 Mar.	
16 Dim.	*Creil* (L).	16 Mer.	*Senlis* (O).
17 Lun.	*Creil* (L).	17 Jeud.	*Beauvais.*
18 Mar.		18 Vend.	
19 Mer.		19 Sam.	
20 Jeud.		20 Dim.	
21 Vend.		21 Lun.	
22 Sam.	*Senlis.*	22 Mar.	
23 Dim.	*Senlis.*	23 Mer.	
24 Lun.		24 Jeud.	*Beauvais* (O).
25 Mar.		25 Vend.	
26 Mer.		26 Sam.	
27 Jeud.	*Creil* (L).	27 Dim.	
28 Vend.		28 Lun.	*Beauvais* (O).
29 Sam.		29 Mar.	
30 Dim.		30 Mer.	
31 Lun.	*Senlis* (O).	31 Jeud.	*Beauvais* (L).

SEPTEMBRE.

1 Vend.	*Beauvais.*	17 Dim.	*Beauvais* (L).
2 Sam.	*Beauvais.*	18 Lun.	*Beauvais.*
3 Dim.		19 Mar.	*Clermont, Neuville-en-Hez* (O).
4 Lun.		20 Mer.	*Compiègne.*
5 Mar.		21 Jeud.	
6 Mer.	*Beauvais.*	22 Vend.	*Compiègne.*
7 Jeud.		23 Sam.	
8 Vend.	*Beauvais* (O).	24 Dim.	
9 Sam.	*Beauvais.*	25 Lun.	*Compiègne* (O).
10 Dim.	*Beauvais.*	26 Mar.	
11 Lun.		27 Mer.	
12 Mar.		28 Jeud.	
13 Mer.		29 Vend.	
14 Jeud.		30 Sam.	*Compiègne* (L).
15 Vend.	*Beauvais.*		
16 Sam.			

1486. — PÂQUES, 26 mars.

OCTOBRE.

1	Dim.	
2	Lun.	
3	Mar.	*Compiègne.*
4	Mer.	
5	Jeud.	*Compiègne (L).*
6	Vend.	*Compiègne (O).*
7	Sam.	*Senlis (O).*
8	Dim.	
9	Lun.	
10	Mar.	
11	Mer.	*Vincennes (O).*
12	Jeud.	
13	Vend.	
14	Sam.	*Paris.*
15	Dim.	
16	Lun.	
17	Mar.	
18	Mer.	
19	Jeud.	
20	Vend.	
21	Sam.	
22	Dim.	
23	Lun.	*Melun (O).*
24	Mar.	*Melun (L).*
25	Mer.	*Melun (O).*
26	Jeud.	*Melun.*
27	Vend.	
28	Sam.	
29	Dim.	
30	Lun.	
31	Mar.	*Larchant.*

NOVEMBRE.

1	Mer.	
2	Jeud.	
3	Vend.	
4	Sam.	
5	Dim.	
6	Lun.	
7	Mar.	*Châteauneuf-sur-Loire.*
8	Mer.	
9	Jeud.	
10	Vend.	
11	Sam.	
12	Dim.	
13	Lun.	
14	Mar.	*Paris ?*
15	Mer.	
16	Jeud.	
17	Vend.	*Evreux.*
18	Sam.	
19	Dim.	
20	Lun.	
21	Mar.	
22	Mer.	
23	Jeud.	*Paris ? (O).*
24	Vend.	*Paris (O).*
25	Sam.	
26	Dim.	
27	Lun.	
28	Mar.	
29	Mer.	
30	Jeud.	*Amboise (O).*

DÉCEMBRE.

1	Vend.		17	Dim.	
2	Sam.		18	Lun.	
3	Dim.		19	Mar.	*Montils (L).*
4	Lun.		20	Mer.	*Tours.*
5	Mar.		21	Jeud.	
6	Mer.		22	Vend.	
7	Jeud.		23	Sam.	
8	Vend.		24	Dim.	
9	Sam.	*Montils (O).*	25	Lun.	*Amboise.*
10	Dim.	*Montils (O).*	26	Mar.	
11	Lun.		27	Mer.	*Plessis.*
12	Mar.		28	Jeud.	
13	Mer.		29	Vend.	
14	Jeud.		30	Sam.	
15	Vend.		31	Dim.	
16	Sam.				

1487. — PÂQUES, 15 avril.

JANVIER.

1	Lun.	*Plessis-du-Parc.*
2	Mar.	
3	Mer.	
4	Jeud.	
5	Vend.	
6	Sam.	
7	Dim.	*Amboise.*
8	Lun.	*Amboise.*
9	Mar.	*Amboise* (L).
10	Mer.	*Amboise.*
11	Jeud.	
12	Vend.	
13	Sam.	
14	Dim.	*Amboise* (L).
15	Lun.	*Amboise.*
16	Mar.	
17	Mer.	*Amboise* (L).
18	Jeud.	*Amboise* (L).
19	Vend.	*Amboise.*
20	Sam.	
21	Dim.	
22	Lun.	
23	Mar.	*Amboise.*
24	Mer.	*Amboise* (O).
25	Jeud.	*Amboise.*
26	Vend.	
27	Sam.	*Amboise* (O).
28	Dim.	
29	Lun.	*Amboise.*
30	Mar.	*Amboise.*
31	Mer.	

FÉVRIER.

1	Jeud.	*Tours.*
2	Vend.	
3	Sam.	
4	Dim.	*Plessis-lez-Tours* (O).
5	Lun.	
6	Mar.	
7	Mer.	
8	Jeud.	
9	Vend.	*Départ de Tours.*
10	Sam.	
11	Dim.	*Chinon ?*
12	Lun.	
13	Mar.	*Châtellerault?*
14	Mer.	
15	Jeud.	
16	Vend.	
17	Sam.	*Poitiers* (L).
18	Dim.	
19	Lun.	*Poitiers* (L).
20	Mar.	*Poitiers* (L).
21	Mer.	
22	Jeud.	*Lusignan.*
23	Vend.	
24	Sam.	
25	Dim.	
26	Lun.	
27	Mar.	
28	Mer.	*Blaye.*

MARS.

1	Jeud.	*Blaye.*
2	Vend.	
3	Sam.	*Blaye.*
4	Dim.	
5	Lun.	
6	Mer.	*Bourg* (L).
7	Mer.	*Bordeaux.* [Entrée.]
8	Jeud.	*Bordeaux* (O).
9	Vend.	*Bordeaux* (L).
10	Sam.	
11	Dim.	*Bordeaux.*
12	Lun.	
13	Mar.	*Bordeaux* (O).
14	Mer.	
15	Jeud.	*Départ de Bordeaux, gîte à Blaye.*
16	Vend.	
17	Sam.	*Jonsac.*
18	Dim.	
19	Lun.	*Cognac.*
20	Mar.	*Saint-Jean-d'Angely* (L).
21	Mer.	*Saint-Jean-d'Angely.*
22	Jeud.	*Chizé.*
23	Vend.	*Niort.*
24	Sam.	*Niort.*
25	Dim.	*Niort.*
26	Lun.	*Niort* (O).
27	Mar.	
28	Mer.	*Saint-Antoine-de-la-Lande* (O).
29	Jeud.	*Parthenay.*
30	Vend.	*Parthenay* (L).
31	Sam.	

1887. — PÂQUES, 15 avril.

AVRIL.		MAI.	
1 Dim.		1 Mar.	
2 Lun.		2 Mer.	
3 Mar.	*Parthenay* (O).	3 Jeud.	
4 Mer.	*Parthenay.*	4 Vend.	*Laval.*
5 Jeud.	*Parthenay.*	5 Sam.	
6 Vend.		6 Dim.	*Laval* (L).
7 Sam.		7 Lun.	
8 Dim.		8 Mar.	*Laval* (L).
9 Lun.	*Thouars* (L).	9 Mer.	*Laval* (L).
10 Mar.	*Thouars* (L).	10 Jeud.	
11 Mer.		11 Vend.	*Laval* (L).
12 Jeud.		12 Sam.	*Laval* (L).
13 Vend.		13 Dim.	*Laval* (O).
14 Sam.		14 Lun.	*Laval* (O).
15 Dim.	*Thouars* (L).	15 Mar.	*Laval* (L).
16 Lun.		16 Mer.	
17 Mar.	*Thouars* (L).	17 Jeud.	
18 Mer.		18 Vend.	
19 Jeud.	*Thouars* (L).	19 Sam.	
20 Vend.		20 Dim.	
21 Sam.		21 Lun.	*Laval* (L).
22 Dim.	*Ponts-de-Cé* (O).	22 Mar.	
23 Lun.	*Ponts-de-Cé* (L).	23 Mer.	
24 Mar.	*Ponts-de-Cé* (L).	24 Jeud.	
25 Mer.		25 Vend.	*Laval* (O).
26 Jeud.		26 Sam.	*Laval* (L).
27 Vend.		27 Dim.	*Laval* (O).
28 Sam.		28 Lun.	
29 Dim.		29 Mar.	
30 Lun.		30 Mer.	*Laval* (L).
		31 Jeud.	*Laval* (L).

Château-Gontier (fin du mois).

JUIN.			
1 Vend.	*Laval* (L).	17 Dim.	
2 Sam.	*Laval* (L).	18 Lun.	
3 Dim.		19 Mar.	
4 Lun.	*Laval.*	20 Mer.	
5 Mar.		21 Jeud.	
6 Mer.	*Laval.*	22 Vend.	
7 Jeud.	*Laval.*	23 Sam.	*Ancenis* (L).
8 Vend.		24 Dim.	*Ancenis* (L).
9 Sam.		25 Lun.	
10 Dim.	*Laval.*	26 Mar.	
11 Lun.		27 Mer.	
12 Mar.		28 Jeud.	
13 Mer.	*Angers.*	29 Vend.	
14 Jeud.	*Angers* (L).	30 Sam.	
15 Vend.			
16 Sam.			

1487. — PÂQUES, 15 avril.

JUILLET.

1	Dim.	
2	Lun.	
3	Mar.	
4	Mer.	*Ancenis.*
5	Jeud.	*Ancenis.*
6	Vend.	*Ancenis.*
7	Sam.	
8	Dim.	
9	Lun.	
10	Mar.	*Ancenis.*
11	Mer.	*Ancenis (L).*
12	Jeud.	
13	Vend.	*Ancenis.*
14	Sam.	
15	Dim.	
16	Lun.	
17	Mar.	*Ancenis (L).*
18	Mer.	
19	Jeud.	
20	Vend.	
21	Sam.	
22	Dim.	
23	Lun.	*Ancenis.*
24	Mar.	*Ancenis.*
25	Mer.	*Ancenis.*
26	Jeud.	
27	Vend.	
28	Sam.	
29	Dim.	*Ancenis (L).*
30	Lun.	*Ancenis (L).*
31	Mar.	

AOÛT.

1	Mer.	*Ancenis.*
2	Jeud.	*Clisson.*
3	Vend.	*Clisson.*
4	Sam.	
5	Dim.	
6	Lun.	*Clisson, Ancenis.*
7	Mar.	*Ancenis (L).*
8	Mer.	
9	Jeud.	
10	Vend.	
11	Sam.	
12	Dim.	*Ancenis.*
13	Lun.	*Joué.*
14	Mar.	*Châteaubriand.*
15	Mer.	
16	Jeud.	*Châteaubriand (L).*
17	Vend.	
18	Sam.	
19	Dim.	
20	Lun.	*Châteaubriand (O).*
21	Mar.	
22	Mer.	
23	Jeud.	
24	Vend.	
25	Sam.	
26	Dim.	*Châteaubriand (L).*
27	Lun.	
28	Mar.	*Châteaubriand (L).*
29	Mer.	*Châteaubriand (L).*
30	Jeud.	*Châteaubriand (L).*
31	Vend.	

SEPTEMBRE.

1	Sam.	*Vitré.*	17	Lun.	*Vitré, Laval.*
2	Dim.	*Vitré.*	18	Mar.	
3	Lun.	*Vitré.*	19	Mer.	
4	Mar.	*Vitré.*	20	Jeud.	
5	Mer.	*Vitré.*	21	Vend.	
6	Jeud.	*Vitré.*	22	Sam.	*Laval.*
7	Vend.	*Vitré.*	23	Dim.	*Laval (O).*
8	Sam.	*Vitré.*	24	Lun.	*Laval.*
9	Dim.	*Vitré.*	25	Mar.	
10	Lun.	*Vitré.*	26	Mer.	*Laval (L).*
11	Mar.	*Vitré.*	27	Jeud.	*Laval (L).*
12	Mer.	*Vitré.*	28	Vend.	
13	Jeud.	*Vitré.*	29	Sam.	
14	Vend.	*Vitré (O).*	30	Dim.	
15	Sam.	*Vitré (O).*			
16	Dim.	*Vitré (O).*			

1487. — PÂQUES, 15 avril.

OCTOBRE.

1	Lun.	Laval (L).
2	Mar.	
3	Mer.	Laval.
4	Jeud.	Laval.
5	Vend.	Laval.
6	Sam.	
7	Dm.	
8	Lun.	Laval (L).
9	Mar.	
10	Mer.	Laval (L).
11	Jeud.	
12	Vend.	Laval (L).
13	Sam.	
14	Dm.	
15	Lun.	
16	Mar.	
17	Mer.	
18	Jeud.	
19	Vend.	
20	Sam.	Laval (L).
21	Dm.	
22	Lun.	Laval (L), gîte à Mayenne.
23	Mar.	Domfront.
24	Mer.	Mortaing.
25	Jeud.	Avranches.
26	Vend.	Mont-Saint-Michel.
27	Sam.	Mont-Saint-Michel.
28	Dm.	Mont-Saint-Michel.
29	Lun.	Granville.
30	Mar.	
31	Mer.	Coutances (L), Saint-Lô en Cotentin.

NOVEMBRE.

1	Jeud.	
2	Vend.	
3	Sam.	Saint-Lô.
4	Dm.	
5	Lun.	
6	Mar.	Caen (L).
7	Mer.	
8	Jeud.	Saint-Sauveur de Dive.
9	Vend.	
10	Sam.	Honfleur.
11	Dm.	
12	Lun.	Pont-Audemer (L).
13	Mar.	Pont-Audemer (L).
14	Mer.	Rouen.
15	Jeud.	
16	Vend.	
17	Sam.	Rouen.
18	Dm.	Rouen (O).
19	Lun.	Rouen (O).
20	Mar.	Rouen (L).
21	Mer.	
22	Jeud.	Rouen (L).
23	Vend.	Rouen (O).
24	Sam.	Rouen (L).
25	Dm.	Sainte-Catherine du Mont de R. (O).
26	Lun.	Rouen (L).
27	Mar.	
28	Mer.	
29	Jeud.	Rouen (L).
30	Vend.	

Pont-de-l'Arche. — Saint-Martin.

DÉCEMBRE.

1	Sam.	Rouen (L).	17	Lun.	Louviers.
2	Dm.	Rouen (L).	18	Mar.	Garennes.
3	Lun.	Rouen (O).	19	Mer.	Les Andelys.
4	Mar.		20	Jeud.	Poissy.
5	Mer.	Rouen (L).	21	Vend.	
6	Jeud.		22	Sam.	Saint-Germain-en-Laye.
7	Vend.	Rouen (L).	23	Dm.	
8	Sam.	Blainville (L).	24	Lun.	
9	Dm.		25	Mar.	Poissy.
10	Lun.	Pont-de-l'Arche.	26	Mer.	Poissy (L).
11	Mar.		27	Jeud.	
12	Mer.		28	Vend.	Paris (L).
13	Jeud.	Pont-de-l'Arche.	29	Sam.	Paris.
14	Vend.		30	Dm.	
15	Sam.		31	Lun.	
16	Dm.	Pont-de-l'Arche (L).			

Andelys-le-Petit.

1489. — PÂQUES, 6 avril.

JANVIER.

1	Mar.	
2	Mer.	
3	Jeud.	*Paris.*
4	Vend.	*Vincennes.*
5	Sam.	*Vincennes* (L).
6	Dm.	
7	Lun.	
8	Mar.	
9	Mer.	
10	Jeud.	
11	Vend.	*Paris.*
12	Sam.	*Paris* (O).
13	Dm.	*Paris.*
14	Lun.	*Paris* (O).
15	Mar.	*Paris.*
16	Mer.	
17	Jeud.	*Paris* (O).
18	Vend.	
19	Sam.	*Paris.*
20	Dm.	*Paris.*
21	Lun.	
22	Mar.	*Paris* (O).
23	Mer.	*Paris.*
24	Jeud.	
25	Vend.	*Paris.*
26	Sam.	*Paris* (O).
27	Dm.	*Paris* (O).
28	Lun.	*Paris* (O).
29	Mar.	*Paris* (O).
30	Mer.	*Paris.*
31	Jeud.	

FÉVRIER.

1	Vend.	
2	Sam.	*Poissy* (L).
3	Dm.	
4	Lun.	
5	Mar.	*Poissy* (L).
6	Mer.	
7	Jeud.	
8	Vend.	*Poissy* (L).
9	Sam.	
10	Dm.	
11	Lun.	*Paris* (L).
12	Mar.	
13	Mer.	
14	Jeud.	
15	Vend.	
16	Sam.	
17	Dm.	
18	Lun.	*Paris* (L).
19	Mar.	
20	Mer.	*Paris* (L).
21	Jeud.	*Paris* (L).
22	Vend.	*Paris.*
23	Sam.	
24	Dm.	
25	Lun.	*Charenton* (L).
26	Mar.	
27	Mer.	*Marcoussis* (L).
28	Jeud.	
29	Vend.	*Montlhéry, Étampes.*

MARS.

1	Sam.	*Étampes.*	17	Lun.	
2	Dm.	*Étampes* (L).	18	Mar.	
3	Lun.	*Milly.*	19	Mer.	*Plessis-du-Parc* (L).
4	Mar.	*Bois Malesherbes.*	20	Jeud.	*Plessis* (L).
5	Mer.	*Orléans.*	21	Vend.	*Plessis* (L).
6	Jeud.		22	Sam.	
7	Vend.	*Amboise* (O).	23	Dm.	*Plessis* (L).
8	Sam.	*Amboise* (L).	24	Lun.	*Plessis* (L).
9	Dm.		25	Mar.	*Plessis* (L).
10	Lun.	*Tours.*	26	Mer.	*Tours* (L).
11	Mar.	*Montils* (L).	27	Jeud.	
12	Mer.	*Montils-les-Tours.*	28	Vend.	
13	Jeud.	*Montils* (L).	29	Sam.	*Plessis* (L).
14	Vend.	*Plessis-du-Parc* (L).	30	Dm.	
15	Sam.		31	Lun.	*Plessis* (L).
16	Dm.				

1483. — PÂQUES, 6 avril.

AVRIL.		MAI.	
1 Mar.		1 Jeud.	Chinon (L).
2 Mer.	Plessis-du-Parc (L).	2 Vend.	Plessis-du-Parc.
3 Jeud.	Plessis-du-Parc, Chinon.	3 Sam.	
4 Vend.		4 Dim.	
5 Sam.	Plessis (L).	5 Lun.	Chinon (L).
6 Dim.	Chinon (L).	6 Mar.	Chinon (L).
7 Lun.		7 Mer.	
8 Mar.	Montils (L).	8 Jeud.	
9 Mer.	Plessis (L).	9 Vend.	Chinon (L).
10 Jeud.	Montils (L).	10 Sam.	Chinon (L).
11 Vend.		11 Dim.	
12 Sam.	Plessis (L).	12 Lun.	Chinon (L).
13 Dim.	Montils (L).	13 Mar.	Chinon (L).
14 Lun.		14 Mer.	
15 Mar.	Plessis (L).	15 Jeud.	Chinon (L).
16 Mer.	Plessis (L).	16 Vend.	Chinon (L).
17 Jeud.	Montils (L).	17 Sam.	
18 Vend.	Plessis (O), Tours (O).	18 Dim.	
19 Sam.	Montils (L).	19 Lun.	
20 Dim.	Montils (L).	20 Mar.	Chinon (L).
21 Lun.		21 Mer.	Chinon (L).
22 Mar.	Montils (L).	22 Jeud.	Chinon (L).
23 Mer.	Plessis (L).	23 Vend.	Saumur (L).
24 Jeud.	Plessis (L), Montils.	24 Sam.	Saumur (L).
25 Vend.	Plessis (L).	25 Dim.	Saumur (L).
26 Sam.		26 Lun.	Saumur (O).
27 Dim.	Plessis-du-Parc (L).	27 Mar.	Angers (L).
28 Lun.	Plessis (L), Tours.	28 Mer.	Angers (L).
29 Mar.	Plessis (L).	29 Jeud.	Angers (L).
30 Mer.	Azay (L).	30 Vend.	
		31 Sam.	

JUIN.			
1 Dim.	Angers (L).	17 Mar.	Angers (L).
2 Lun.		18 Mer.	Angers (L).
3 Mar.	Angers (O).	19 Jeud.	Angers (L).
4 Mer.	Angers (L).	20 Vend.	Angers (L).
5 Jeud.	Angers (L).	21 Sam.	Angers (L).
6 Vend.		22 Dim.	Angers (L).
7 Sam.	Angers (L).	23 Lun.	Angers (O).
8 Dim.	Angers (L).	24 Mar.	Angers (L).
9 Lun.		25 Mer.	Angers (O).
10 Mar.		26 Jeud.	Angers (L).
11 Mer.		27 Vend.	Angers (L).
12 Jeud.		28 Sam.	Angers (L).
13 Vend.	Angers (L).	29 Dim.	
14 Sam.	Angers (L).	30 Lun.	Angers (L).
15 Dim.	Angers (L).		
16 Lun.	Angers (L).	Saint-Lô-lez-Angers.	

1483. — PÂQUES, 6 avril.

JUILLET.		AOÛT.	
1 Mar.	*Angers* (L).	1 Vend.	
2 Mer.	*Angers* (L).	2 Sam.	*Le Verger* (T).
3 Jeud.	*Angers* (L).	3 Dm.	
4 Vend.	*Angers* (L).	4 Lun.	*Angers* (L).
5 Sam.	*Angers* (L).	5 Mar.	*Angers* (L).
6 Dm.		6 Mer.	*Angers* (L).
7 Lun.	*Angers* (L).	7 Jeud.	
8 Mar.	*Angers* (L).	8 Vend.	
9 Mer.	*Angers* (L).	9 Sam.	*La Ménitré* (L).
10 Jeud.		10 Dm.	
11 Vend.		11 Lun.	
12 Sam.	*Angers* (L).	12 Mar.	
13 Dm.		13 Mer.	
14 Lun.		14 Jeud.	*Le Verger* (O).
15 Mar.	*Angers* (L).	15 Vend.	
16 Mer.	*Angers* (L).	16 Sam.	
17 Jeud.	*Angers* (L).	17 Dm.	*Le Verger* (L).
18 Vend.	*Angers* (L).	18 Lun.	
19 Sam.	*Angers* (L).	19 Mar.	
20 Dm.	*Angers* (L).	20 Mer.	*Sablé* (O).
21 Lun.	*Angers* (L).	21 Jeud.	*Sablé* (L).
22 Mar.	*Angers* (L).	22 Vend.	
23 Mer.	*Angers* (L).	23 Sam.	
24 Jeud.	*Angers* (L).	24 Dm.	*La Roche-Talbot* (L).
25 Vend.	*Angers* (L).	25 Lun.	*La Roche-Talbot, Solesmes* (L).
26 Sam.	*Angers* (T).	26 Mar.	
27 Dm.	*Angers* (L).	27 Mer.	*Solesmes, près Sablé.*
28 Lun.		28 Jeud.	*La Roche* (L).
29 Mar.	*Le Verger* (L).	29 Vend.	*La Roche* (L).
30 Mer.	*Le Verger* (L).	30 Sam.	
31 Jeud.		31 Dm.	*La Roche-Talbot* (L).

Marolles-les-La-Verger.

SEPTEMBRE.			
1 Lun.	*Solesmes.*	17 Mer.	
2 Mar.	*La Roche-Talbot* (L).	18 Jeud.	*La Flèche* (L).
3 Mer.	*La Roche-Talbot* (L).	19 Vend.	
4 Jeud.		20 Sam.	*La Flèche* (O).
5 Vend.		21 Dm.	*La Flèche.*
6 Sam.	*Le Mans* (L).	22 Lun.	*La Flèche* (L).
7 Dm.		23 Mar.	*La Flèche.*
8 Lun.	*Le Mans* (L).	24 Mer.	
9 Mar.	*Le Mans* (L).	25 Jeud.	*La Flèche* (O).
10 Mer.	*Le Mans.*	26 Vend.	*La Flèche.*
11 Jeud.		27 Sam.	
12 Vend.	*La Flèche.*	28 Dm.	
13 Sam.	*La Flèche* (O).	29 Lun.	*La Flèche.*
14 Dm.		30 Mar.	*La Flèche* (L).
15 Lun.			
16 Mar.			

1469. — PÂQUES, 6 avril.

OCTOBRE		NOVEMBRE	
1 Mer.		1 Sam.	
2 Jeud.		2 Dim.	
3 Vend.	*La Flèche* (O).	3 Lun.	
4 Sam.		4 Mar.	
5 Dim.		5 Mer.	*Chartres.*
6 Lun.	*La Flèche.*	6 Jeud.	
7 Mar.	*Baugé* (L.).	7 Vend.	
8 Mer.		8 Sam.	
9 Jeud.		9 Dim.	
10 Vend.		10 Lun.	
11 Sam.		11 Mar.	*Étampes* (L).
12 Dim.	*Baugé* (L).	12 Mer.	
13 Lun.		13 Jeud.	*Étampes.*
14 Mar.		14 Vend.	
15 Mer.		15 Sam.	*Bois Malesherbes* (L).
16 Jeud.		16 Dim.	
17 Vend.		17 Lun.	
18 Sam.		18 Mar.	*Saint-Mathurin-de-Larchant.*
19 Dim.	*Poissy, Baugé.*	19 Mer.	
20 Lun.	*Baugé* (L).	20 Jeud.	*Étampes.*
21 Mar.		21 Vend.	*Milly-en-Gâtinais* (L).
22 Mer.	*Baugé* (L).	22 Sam.	
23 Jeud.		23 Dim.	
24 Vend.		24 Lun.	*Milly-en-Gâtinais* (L).
25 Sam.		25 Mar.	
26 Dim.		26 Mer.	
27 Lun.		27 Jeud.	
28 Mar.		28 Vend.	
29 Mer.		29 Sam.	
30 Jeud.	*Étampes.*	30 Dim.	*Mehun.*
31 Vend.			

Montaut. — Lude. — Bonneval.

Alluye.

DÉCEMBRE			
1 Lun.	*Mehun.*	17 Mer.	
2 Mar.		18 Jeud.	*Poissy* (O).
3 Mer.	*Corbeil, Savigny.*	19 Vend.	
4 Jeud.	*Savigny* (L).	20 Sam.	
5 Vend.		21 Dim.	
6 Sam.		22 Lun.	
7 Dim.		23 Mar.	*Poissy.*
8 Lun.	*Marcoussis* (L).	24 Mer.	*Poissy.*
9 Mar.		25 Jeud.	*Poissy.*
10 Mer.		26 Vend.	
11 Jeud.	*Corbeil.*	27 Sam.	
12 Vend.		28 Dim.	*Poissy.*
13 Sam.	*Villepreux* (L).	29 Lun.	*Poissy* (L).
14 Dim.		30 Mar.	
15 Lun.		31 Mer.	
16 Mar.	*Poissy.*		

Larchant.

1489. — PÂQUES, 19 avril.

JANVIER.		FÉVRIER.	
1 Jeud.	Poissy (L).	1 Dim.	
2 Vend.	Villepreux (L).	2 Lun.	
3 Sam.	Poissy.	3 Mar.	
4 Dim.		4 Mer.	
5 Lun.	Marcoussis.	5 Jeud.	Paris.
6 Mar.		6 Vend.	Paris (O).
7 Mer.		7 Sam.	
8 Jeud.	Bois Malesherbes.	8 Dim.	
9 Vend.	Bois Malesherbes.	9 Lun.	
10 Sam.		10 Mar.	Paris (O).
11 Dim.	Bois Malesherbes.	11 Mer.	
12 Lun.		12 Jeud.	Chartres (L).
13 Mar.		13 Vend.	
14 Mer.		14 Sam.	
15 Jeud.	Melun (L).	15 Dim.	Vendôme (L).
16 Vend.	Melun.	16 Lun.	
17 Sam.	Melun.	17 Mar.	Vendôme.
18 Dim.		18 Mer.	
19 Lun.		19 Jeud.	Chinon.
20 Mar.	Melun.	20 Vend.	
21 Mer.	Paris.	21 Sam.	
22 Jeud.		22 Dim.	
23 Vend.		23 Lun.	
24 Sam.		24 Mar.	Chinon (L).
25 Dim.	Paris.	25 Mer.	
26 Lun.		26 Jeud.	Chinon (L).
27 Mar.	Paris (O).	27 Vend.	Chinon.
28 Mer.	Paris (L).	28 Sam.	Chinon (L).
29 Jeud.	Paris.		
30 Vend.			
31 Sam.			

MARS.

1 Dim.		17 Mar.	Chinon.
2 Lun.		18 Mer.	Chinon.
3 Mar.	L'Isle-Bouchard (L).	19 Jeud.	Chinon (L).
4 Mer.	Chinon (O).	20 Vend.	Chinon (O).
5 Jeud.	Chinon.	21 Sam.	Chinon (L).
6 Vend.	Chinon (L).	22 Dim.	
7 Sam.		23 Lun.	Chinon.
8 Dim.	Chinon.	24 Mar.	Chinon.
9 Lun.		25 Mer.	Chinon.
10 Mar.		26 Jeud.	
11 Mer.		27 Vend.	
12 Jeud.	Chinon (L).	28 Sam.	L'Isle-Bouchard.
13 Vend.		29 Dim.	Chinon.
14 Sam.		30 Lun.	Chinon (L).
15 Dim.	Chinon.	31 Mar.	Chinon (L).
16 Lun.	Chinon.		

Razilly.

1489. — PÂQUES, 19 avril.

AVRIL.		MAI.	
1 Mer.	Chinon.	1 Vend.	Plessis (O).
2 Jeud.	Chinon (L).	2 Sam.	Montils, Plessis (L).
3 Vend.		3 Dim.	Plessis.
4 Sam.	Chinon (L).	4 Lun.	
5 Dim.	Chinon.	5 Mar.	
6 Lun.	Chinon (L).	6 Mer.	Plessis-du-Parc.
7 Mar.		7 Jeud.	Montils (L).
8 Mer.	Chinon.	8 Vend.	Plessis-du-Parc.
9 Jeud.	L'Isle-Bouchard.	9 Sam.	Montils (L).
10 Vend.		10 Dim.	Plessis.
11 Sam.		11 Lun.	Montils (L).
12 Dim.		12 Mar.	Montils (L).
13 Lun.	Plessis-du-Parc (L).	13 Mer.	Tours.
14 Mar.	Montils (L).	14 Jeud.	
15 Mer.		15 Vend.	Amboise (O).
16 Jeud.		16 Sam.	Amboise.
17 Vend.		17 Dim.	Amboise (O).
18 Sam.	Montils (L), Plessis.	18 Lun.	
19 Dim.	Tours.	19 Mar.	
20 Lun.		20 Mer.	Amboise.
21 Mar.		21 Jeud.	Amboise (L).
22 Mer.	Plessis.	22 Vend.	
23 Jeud.		23 Sam.	Amboise (L).
24 Vend.	Tours, Montils (L).	24 Dim.	Amboise.
25 Sam.		25 Lun.	Amboise.
26 Dim.		26 Mar.	Amboise (L).
27 Lun.		27 Mer.	Amboise (L).
28 Mar.	Tours.	28 Jeud.	
29 Mer.	Plessis (O).	29 Vend.	Amboise.
30 Jeud.	Plessis (O).	30 Sam.	Amboise.
		31 Dim.	Amboise.

JUIN.			
1 Lun.	Amboise.	17 Mer.	Amboise (L).
2 Mar.		18 Jeud.	
3 Mer.	Amboise (O).	19 Vend.	Amboise (L).
4 Jeud.	Amboise (L).	20 Sam.	Amboise (L).
5 Vend.	Amboise.	21 Dim.	Amboise (L).
6 Sam.		22 Lun.	Amboise (L).
7 Dim.	Vendôme.	23 Mar.	Amboise.
8 Lun.	Vendôme (L).	24 Mer.	Amboise.
9 Mar.		25 Jeud.	Amboise (L).
10 Mer.	Vendôme.	26 Vend.	Amboise (L).
11 Jeud.	Vendôme.	27 Sam.	Amboise.
12 Vend.	Amboise (L).	28 Dim.	Amboise (L).
13 Sam.	Amboise (O).	29 Lun.	Amboise (O).
14 Dim.	Amboise.	30 Mar.	Amboise.
15 Lun.			
16 Mar.	Amboise.		

1489. — PÂQUES, 19 avril.

JUILLET.

1	Mer.	*Amboise* (L).
2	Jeud.	*Amboise* (L).
3	Vend.	*Amboise.*
4	Sam.	*Amboise.*
5	Dim.	*Amboise.*
6	Lun.	*Amboise* (L).
7	Mar.	*Amboise* (L).
8	Mer.	*Amboise.*
9	Jeud.	*Amboise.*
10	Vend.	*Amboise* (G), *Montils.*
11	Sam.	*Amboise.*
12	Dim.	*Amboise* (O).
13	Lun.	*Aux champs près Amboise.*
14	Mar.	*Amboise.*
15	Mer.	*Amboise.*
16	Jeud.	*Amboise* (O).
17	Vend.	*Amboise.*
18	Sam.	*Amboise.*
19	Dim.	*Amboise* (L).
20	Lun.	*Amboise* (L).
21	Mar.	*Amboise.*
22	Mer.	*Amboise.*
23	Jeud.	
24	Vend.	*Amboise* (L).
25	Sam.	*Amboise* (L).
26	Dim.	*Amboise* (L).
27	Lun.	*Amboise.*
28	Mar.	*Amboise* (L).
29	Mer.	*Amboise.*
30	Jeud.	
31	Vend.	

AOÛT.

1	Sam.	
2	Dim.	
3	Lun.	
4	Mar.	
5	Mer.	
6	Jeud.	*Amboise.*
7	Vend.	*Amboise.*
8	Sam.	*Amboise* (L).
9	Dim.	*Amboise* (L).
10	Lun.	*Amboise* (O).
11	Mar.	*Amboise* (L).
12	Mer.	*Amboise* (O).
13	Jeud.	*Amboise.*
14	Vend.	*Amboise.*
15	Sam.	*Amboise.*
16	Dim.	*Amboise.*
17	Lun.	*Amboise* (L).
18	Mar.	*Amboise.*
19	Mer.	*Amboise.*
20	Jeud.	*Amboise.*
21	Vend.	*Amboise.*
22	Sam.	*Amboise.*
23	Dim.	*Amboise.*
24	Lun.	*Amboise.*
25	Mar.	*Amboise* (L).
26	Mer.	*Amboise* (L).
27	Jeud.	*Amboise.*
28	Vend.	*Amboise.*
29	Sam.	
30	Dim.	*Amboise* (L).
31	Lun.	*Amboise* (L).

Beaulieu-les-Loches.

SEPTEMBRE.

1	Mar.	
2	Mer.	
3	Jeud.	*Amboise* (L).
4	Vend.	
5	Sam.	*Amboise.*
6	Dim.	
7	Lun.	*Amboise.*
8	Mar.	
9	Mer.	*Amboise* (O).
10	Jeud.	
11	Vend.	
12	Sam.	
13	Dim.	
14	Lun.	
15	Mar.	
16	Mer.	*Montils.*
17	Jeud.	*Amboise* (L).
18	Vend.	
19	Sam.	
20	Dim.	
21	Lun.	
22	Mar.	
23	Mer.	*Tours* (O).
24	Jeud.	*Plessis-du-Parc.*
25	Vend.	*Montils-les-Tours.*
26	Sam.	*Montils, Plessis* (O).
27	Dim.	*Montils-les-Tours.*
28	Lun.	*Plessis-du-Parc.*
29	Mar.	*Plessis-du-Parc.*
30	Mer.	

1489. — PÂQUES, 19 avril.

OCTOBRE.

1	Jeud.	*Montils* (O).
2	Vend.	*Alençon* (L).
3	Sam.	
4	Dim.	
5	Lun.	*Alençon* (L).
6	Mar.	
7	Mer.	
8	Jeud.	
9	Vend.	*Montils* (O).
10	Sam.	*Plessis-du-Parc.*
11	Dim.	*Montils.*
12	Lun.	
13	Mar.	
14	Mer.	*Montils.*
15	Jeud.	
16	Vend.	
17	Sam.	
18	Dim.	
19	Lun.	
20	Mar.	*Montils, Tours* (O).
21	Mer.	*Montils* (L).
22	Jeud.	
23	Vend.	
24	Sam.	
25	Dim.	
26	Lun.	
27	Mar.	
28	Mer.	*Montils* (L).
29	Jeud.	*Plessis.*
30	Vend.	*Montils-les-Tours.*
31	Sam.	

NOVEMBRE.

1	Dim.	
2	Lun.	
3	Mar.	*Montils* (L).
4	Mer.	
5	Jeud.	*Montils.*
6	Vend.	*Montils* (L).
7	Sam.	*Tours.*
8	Dim.	
9	Lun.	*Montils.*
10	Mar.	*Tours.*
11	Mer.	
12	Jeud.	*Montils* (L).
13	Vend.	
14	Sam.	*Montils* (L).
15	Dim.	*Montils* (L).
16	Lun.	
17	Mar.	
18	Mer.	
19	Jeud.	*Montils* (L).
20	Vend.	*Plessis* (O).
21	Sam.	
22	Dim.	*Plessis-du-Parc.*
23	Lun.	
24	Mar.	
25	Mer.	*Montils* (L).
26	Jeud.	
27	Vend.	*Montils* (L).
28	Sam.	
29	Dim.	*Amboise* (L).
30	Lun.	

DÉCEMBRE.

1	Mar.		17	Jeud.	
2	Mer.	*Amboise* (O).	18	Vend.	
3	Jeud.	*Amboise* (L).	19	Sam.	
4	Vend.	*Amboise* (L).	20	Dim.	*Orléans.*
5	Sam.	*Amboise.*	21	Lun.	
6	Dim.	*Amboise* (L).	22	Mar.	*Orléans* (O).
7	Lun.	*Amboise* (L).	23	Mer.	
8	Mar.		24	Jeud.	
9	Mer.	*Loches* (L).	25	Vend.	
10	Jeud.		26	Sam.	
11	Vend.		27	Dim.	*Orléans* (L).
12	Sam.		28	Lun.	
13	Dim.		29	Mar.	
14	Lun.	*Blois.*	30	Mer.	
15	Mar.	*Mehun-sur-Loire.*	31	Jeud.	*Orléans.*
16	Mer.	*Cléry.*			

1490. — PÂQUES, 11 avril.

JANVIER.

1	Vend.	
2	Sam.	
3	Dim.	
4	Lun.	*Orléans* (L).
5	Mar.	
6	Mer.	
7	Jeud.	
8	Vend.	*Orléans* (L).
9	Sam.	
10	Dim.	*Orléans* (O).
11	Lun.	
12	Mar.	*Orléans* (L).
13	Mer.	
14	Jeud.	
15	Vend.	
16	Sam.	
17	Dim.	
18	Lun.	
19	Mar.	
20	Mer.	
21	Jeud.	*Saint-Pourçain.*
22	Vend.	*Moulins.*
23	Sam.	*Moulins* (L).
24	Dim.	*Moulins.*
25	Lun.	*Moulins* (O).
26	Mar.	*Moulins.*
27	Mer.	*Moulins* (L).
28	Jeud.	*Moulins.*
29	Vend.	
30	Sam.	*Moulins* (L).
31	Dim.	*Moulins* (L).

Jargeau. — Nevers.

FÉVRIER.

1	Lun.	
2	Mar.	
3	Mer.	*Moulins* (O).
4	Jeud.	
5	Vend.	
6	Sam.	
7	Dim.	
8	Lun.	*Moulins.*
9	Mar.	*Moulins* (L).
10	Mer.	*Moulins* (L).
11	Jeud.	
12	Vend.	
13	Sam.	*Moulins* (L).
14	Dim.	*Moulins.*
15	Lun.	*Moulins* (L).
16	Mar.	
17	Mer.	
18	Jeud.	
19	Vend.	*Saint-Pourçain* (L).
20	Sam.	*Saint-Pourçain.*
21	Dim.	*Saint-Pourçain* (O).
22	Lun.	*Aigueperse* (L).
23	Mar.	
24	Mer.	
25	Jeud.	
26	Vend.	
27	Sam.	
28	Dim.	

Gannat. — Bourbon-l'Archambaud.

MARS.

1	Lun.	*Roanne* (L).	17	Mer.	
2	Mar.	*Tarare* (L).	18	Jeud.	*Lyon* (O).
3	Mer.		19	Vend.	
4	Jeud.		20	Sam.	*Lyon* (L).
5	Vend.		21	Dim.	*Lyon* (L).
6	Sam.		22	Lun.	
7	Dim.	*Lyon.*	23	Mar.	
8	Lun.	*Lyon* (L).	24	Mer.	
9	Mar.	*Lyon.*	25	Jeud.	
10	Mer.		26	Vend.	
11	Jeud.	*Lyon* (L).	27	Sam.	
12	Vend.	*Lyon* (L).	28	Dim.	
13	Sam.	*Lyon.*	29	Lun.	
14	Dim.	*Lyon.*	30	Mar.	
15	Lun.		31	Mer.	*Orléans* (L).
16	Mar.				

1490. — PÂQUES, 11 avril.

AVRIL.		MAI.	
1 Jeud.	*Orléans* (L).	1 Sam.	*Tours* (O).
2 Vend.		2 Dim.	*Tours.*
3 Sam.	*Amboise.*	3 Lun.	*Tours* (L).
4 Dim.	*Amboise* (L).	4 Mar.	
5 Lun.		5 Mer.	
6 Mar.	*Tours.*	6 Jeud.	
7 Mer.	*Tours.*	7 Vend.	
8 Jeud.	*Amboise* (O).	8 Sam.	*Tours* (O).
9 Vend.	*Amboise* (O).	9 Dim.	
10 Sam.		10 Lun.	
11 Dim.		11 Mer.	
12 Lun.	*Amboise* (L).	12 Mer.	*Tours* (L).
13 Mer.		13 Jeud.	
14 Mer.	*Amboise* (L).	14 Vend.	
15 Jeud.		15 Sam.	
16 Vend.	*Amboise* (L).	16 Dim.	
17 Sam.	*Amboise* (L).	17 Lun.	
18 Dim.		18 Mar.	*Fontenailles* (L).
19 Lun.	*Amboise* (L).	19 Mer.	
20 Mar.	*Amboise* (L).	20 Jeud.	*Fontenailles* (L).
21 Mer.	*Amboise* (L).	21 Vend.	*Tours.*
22 Jeud.	*Amboise.*	22 Sam.	*Fontenailles.*
23 Vend.		23 Dim.	*Fontenailles* (O).
24 Sam.		24 Lun.	*Fontenailles.*
25 Dim.		25 Mar.	*Tours.*
26 Lun.		26 Mer.	
27 Mar.		27 Jeud.	
28 Mer.		28 Vend.	
29 Jeud.	*Tours.*	29 Sam.	*Amboise.*
30 Vend.	*Tours* (L).	30 Dim.	
		31 Lun.	

JUIN.			
1 Mar.		17 Jeud.	*Montils* (O).
2 Mer.	*Amboise.*	18 Vend.	
3 Jeud.	*Amboise.*	19 Sam.	
4 Vend.	*Amboise.*	20 Dim.	
5 Sam.	*Amboise* (L).	21 Lun.	*Plessis* (L).
6 Dim.	*Amboise* (L).	22 Mar.	*Plessis.*
7 Lun.		23 Mer.	
8 Mar.		24 Jeud.	
9 Mer.		25 Vend.	
10 Jeud.		26 Sam.	*Montils* (L).
11 Vend.		27 Dim.	
12 Sam.		28 Lun.	
13 Dim.	*Plessis* (L).	29 Mar.	
14 Lun.	*Montils* (O).	30 Mer.	
15 Mar.			
16 Mer.	*Plessis* (L).		

1480. — PÂQUES, 11 avril.

JUILLET.		AOÛT.	
1 Jeud.		1 Dm.	Montils-les-Tours.
2 Vend.	Plessis-du-Parc.	2 Lun.	
3 Sam.		3 Mar.	Montils.
4 Dm.		4 Mer.	
5 Lun.	Plessis-du-Parc (L).	5 Jeud.	
6 Mar.	Montils (L).	6 Vend.	Montils (L).
7 Mer.	Plessis-du-Parc.	7 Sam.	
8 Jeud.	Montils (L).	8 Dm.	Montils (L).
9 Vend.		9 Lun.	
10 Sam.		10 Mar.	
11 Dm.	Montils (L).	11 Mer.	Montils (L).
12 Lun.	Montils (O).	12 Jeud.	Tours, Plessis-du-Parc.
13 Mar.	Montils.	13 Vend.	
14 Mer.		14 Sam.	
15 Jeud.	Tours (O).	15 Dm.	
16 Vend.	Montils (L).	16 Lun.	Montils-les-Tours.
17 Sam.		17 Mar.	
18 Dm.	Montils (L).	18 Mer.	
19 Lun.		19 Jeud.	Montils (L).
20 Mar.		20 Vend.	
21 Mer.	Montils (L).	21 Sam.	Chinon (L).
22 Jeud.		22 Dm.	
23 Vend.	Montils (L).	23 Lun.	
24 Sam.	Montils (L).	24 Mar.	
25 Dm.		25 Mer.	
26 Lun.	Montils (L).	26 Jeud.	
27 Mar.		27 Vend.	Chinon (L).
28 Mer.		28 Sam.	
29 Jeud.	Montils (L).	29 Dm.	
30 Vend.		30 Lun.	
31 Sam.		31 Mar.	
		Beaufort.	

SEPTEMBRE.

1 Mer.		17 Vend.	Le Verger.
2 Jeud.		18 Sam.	
3 Vend.		19 Dm.	
4 Sam.	Angers (L).	20 Lun.	
5 Dm.		21 Mar.	Baugé.
6 Lun.		22 Mer.	Baugé (O).
7 Mar.		23 Jeud.	
8 Mer.		24 Vend.	
9 Jeud.		25 Sam.	
10 Vend.	Angers.	26 Dm.	
11 Sam.	Angers.	27 Lun.	Montils (L).
12 Dm.	Angers (L).	28 Mar.	
13 Lun.		29 Mer.	Montils-les-Tours.
14 Mar.		30 Jeud.	Tours (L).
15 Mer.			
16 Jeud.		Marolles (O). — La Chapelle-Blanche.	

1460. — PÂQUES, 11 avril.

OCTOBRE.		NOVEMBRE.	
1 Vend.	Plessis-du-Parc.	1 Lun.	Lyon.
2 Sam.		2 Mar.	
3 Dm.	Montils (O).	3 Mer.	Septême, Lyon.
4 Lun.	Montils (L).	4 Jeud.	Septême.
5 Mar.	Montils (L).	5 Vend.	Septême.
6 Mer.		6 Sam.	
7 Jeud.	Amboise (L).	7 Dm.	La Mothe-en-Dauphiné.
8 Vend.		8 Lun.	Gap.
9 Sam.	Montils (O), Montrichard.	9 Mar.	Embrun.
10 Dm.		10 Mer.	Saint-Bonnet.
11 Lun.	Vierzon (O).	11 Jeud.	
12 Mar.		12 Vend.	
13 Mer.		13 Sam.	La Chartreuse.
14 Jeud.	Vierzon (O).	14 Dm.	Lyon, la Côte-Saint-André.
15 Vend.		15 Lun.	Lyon.
16 Sam.		16 Mar.	
17 Dm.		17 Mer.	
18 Lun.		18 Jeud.	
19 Mar.		19 Vend.	
20 Mer.		20 Sam.	
21 Jeud.		21 Dm.	
22 Vend.		22 Lun.	Lyon (O).
23 Sam.		23 Mar.	Lyon (L).
24 Dm.		24 Mer.	Lyon.
25 Lun.	Bourbon-l'Archambaud, Vierzon (O).	25 Jeud.	Lyon.
26 Mar.	Moulins, Varennes.	26 Vend.	
27 Mer.	Saint-Martin-la-Palisse.	27 Sam.	
28 Jeud.	Ambierle, Saint-André.	28 Dm.	
29 Vend.	Saint-Symphorien.	29 Lun.	Lyon.
30 Sam.		30 Mar.	
31 Dm.	Lyon.		

Grenoble. — La Flèche en Dauphiné.

DÉCEMBRE.			
1 Mer.		17 Vend.	
2 Jeud.		18 Sam.	
3 Vend.	Vienne (O).	19 Dm.	
4 Sam.		20 Lun.	
5 Dm.		21 Mar.	
6 Lun.	Vienne.	22 Mer.	Moulins.
7 Mar.		23 Jeud.	
8 Mer.		24 Vend.	
9 Jeud.		25 Sam.	Moulins.
10 Vend.		26 Dm.	
11 Sam.	Château-Morand.	27 Lun.	
12 Dm.	Lyon.	28 Mar.	Moulins (O).
13 Lun.	Lyon.	29 Mer.	Moulins.
14 Mar.	Château-Morand.	30 Jeud.	Moulins (L).
15 Mer.		31 Vend.	
16 Jeud.	Varennes.		

1591. — PÂQUES, 3 avril.

JANVIER.

1	Sam.	*Moulins.*
2	Dm.	*Moulins.*
3	Lun.	*Moulins.*
4	Mar.	
5	Mer.	
6	Jeud.	
7	Vend.	
8	Sam.	*Moulins.*
9	Dm.	
10	Lun.	*Moulins.*
11	Mar.	
12	Mer.	
13	Jeud.	
14	Vend.	
15	Sam.	
16	Dm.	
17	Lun.	
18	Mar.	
19	Mer.	*Moulins.*
20	Jeud.	
21	Vend.	*Moulins (L).*
22	Sam.	
23	Dm.	
24	Lun.	*Moulins.*
25	Mar.	
26	Mer.	
27	Jeud.	
28	Vend.	
29	Sam.	*Voullon-en-Berry.*
30	Dm.	
31	Lun.	*Burances.*

FÉVRIER.

1	Mar.	
2	Mer.	
3	Jeud.	
4	Vend.	
5	Sam.	
6	Dm.	
7	Lun.	
8	Mar.	*Plessis, Tours.*
9	Mer.	*Plessis.*
10	Jeud.	*Plessis.*
11	Vend.	*Plessis.*
12	Sam.	*Plessis-du-Parc.*
13	Dm.	*Montils.*
14	Lun.	*Montils.*
15	Mar.	*Plessis, Tours.*
16	Mer.	*Plessis-du-Parc.*
17	Jeud.	*Montils.*
18	Vend.	*Plessis.*
19	Sam.	*Tours.*
20	Dm.	*Plessis.*
21	Lun.	*Tours, Plessis.*
22	Mar.	*Plessis-du-Parc.*
23	Mer.	*Amboise.*
24	Jeud.	*Amboise.*
25	Vend.	*Amboise.*
26	Sam.	*Amboise.*
27	Dm.	*Amboise.*
28	Lun.	*Amboise.*

MARS.

1	Mar.	*Amboise.*	17	Jeud.	
2	Mer.	*Amboise.*	18	Vend.	
3	Jeud.	*Tours.*	19	Sam.	
4	Vend.	*Amboise (O).*	20	Dm.	*Amboise.*
5	Sam.		21	Lun.	*Amboise.*
6	Dm.		22	Mar.	
7	Lun.		23	Mer.	*Saint-Mathurin-sur-Loire.*
8	Mar.		24	Jeud.	
9	Mer.		25	Vend.	
10	Jeud.		26	Sam.	
11	Vend.	*Bléré.*	27	Dm.	*Nantes.*
12	Sam.	*Bléré, au Pas.*	28	Lun.	*Nantes.*
13	Dm.		29	Mar.	
14	Lun.		30	Mar.	*Nantes (L).*
15	Mar.	*Amboise.*	31	Jeud.	*Nantes.*
16	Mer.				

1491. — PÂQUES, 3 avril.

AVRIL.

1	Vend.	*Nantes.*
2	Sam.	*Nantes.*
3	Dim.	*Nantes (L).*
4	Lun.	
5	Mar.	
6	Mer.	*Nantes.*
7	Jeud.	*Nantes.*
8	Vend.	*Nantes.*
9	Sam.	*Nantes.*
10	Dim.	*Nantes.*
11	Lun.	*Nantes (O).*
12	Mar.	*Nantes.*
13	Mer.	
14	Jeud.	*Monsoreau.*
15	Vend.	*Saumur (L).*
16	Sam.	*Monsoreau.*
17	Dim.	
18	Lun.	*Monsoreau.*
19	Mar.	
20	Mer.	*Saint-Martin-de-Candé.*
21	Jeud.	*Monsoreau.*
22	Vend.	
23	Sam.	
24	Dim.	*Monsoreau.*
25	Lun.	*Monsoreau.*
26	Mar.	
27	Mer.	
28	Jeud.	
29	Vend.	
30	Sam.	*Montils.*

MAI.

1	Dim.	*Montils-les-Tours.*
2	Lun.	
3	Mar.	*Plessis, Montils (O).*
4	Mer.	
5	Jeud.	*Plessis-du-Parc.*
6	Vend.	
7	Sam.	
8	Dim.	*Plessis-du-Parc, Montils.*
9	Lun.	*Plessis-du-Parc.*
10	Mar.	*Plessis-du-Parc.*
11	Mer.	
12	Jeud.	*Montils-les-Tours.*
13	Vend.	*Plessis, Montils.*
14	Sam.	*Montils-les-Tours.*
15	Dim.	
16	Lun.	*Plessis-du-Parc.*
17	Mar.	*Plessis, Montils (O).*
18	Mer.	*Montils-les-Tours.*
19	Jeud.	
20	Vend.	
21	Sam.	
22	Dim.	
23	Lun.	
24	Mar.	*Montils-les-Tours.*
25	Mer.	*Montils-les-Tours (O).*
26	Jeud.	*Montils-les-Tours.*
27	Vend.	*Montils.*
28	Sam.	
29	Dim.	
30	Lun.	
31	Mar.	*Montils-les-Tours.*

JUIN.

1	Mer.	
2	Jeud.	*Tours.*
3	Vend.	*Montils.*
4	Sam.	
5	Dim.	
6	Lun.	*Montils (L).*
7	Mar.	*Montils-les-Tours.*
8	Mer.	
9	Jeud.	*Montils-les-Tours.*
10	Vend.	
11	Sam.	
12	Dim.	*Montils (O).*
13	Lun.	
14	Mar.	*Montils.*
15	Mer.	
16	Jeud.	*Montils (O).*
17	Vend.	*Montils.*
18	Sam.	*Montils.*
19	Dim.	*Montils-les-Tours.*
20	Lun.	*Tours (O).*
21	Mar.	*Montils-les-Tours.*
22	Mer.	*Montils.*
23	Jeud.	
24	Vend.	
25	Sam.	*Tours, Montils.*
26	Dim.	*Montils.*
27	Lun.	
28	Mar.	*Montils, Clßild.*
29	Mer.	*Tours.*
30	Jeud.	

1481. — PÂQUES, 3 avril.

JUILLET.

1	Vend.	*Montils-les-Tours.*
2	Sam.	*Montils-les-Tours.*
3	Dim.	
4	Lun.	*Montils-les-Tours.*
5	Mar.	
6	Mer.	*Montils* (O).
7	Jeud.	
8	Vend.	
9	Sam.	*Montils* (L).
10	Dim.	
11	Lun.	*Tours, Montils.*
12	Mar.	*Montils.*
13	Mer.	*Montils* (O).
14	Jeud.	*Montils.*
15	Vend.	
16	Sam.	
17	Dim.	
18	Lun.	*Montils-les-Tours.*
19	Mar.	*Montils.*
20	Mer.	*Montils.*
21	Jeud.	*Montils.*
22	Vend.	
23	Sam.	*Montils.*
24	Dim.	*Montils-les-Tours.*
25	Lun.	*Montils* (O).
26	Mar.	
27	Mer.	*Montils.*
28	Jeud.	*Montils-les-Tours.*
29	Vend.	*Montils-les-Tours.*
30	Sam.	
31	Dim.	*Montils-les-Tours.*

AOÛT.

1	Lun.	
2	Mar.	*Tours, Montils.*
3	Mer.	
4	Jeud.	*Montils.*
5	Vend.	*Montils* (O).
6	Sam.	*Montils* (L).
7	Dim.	
8	Lun.	
9	Mar.	*Tours, Montils.*
10	Mer.	
11	Jeud.	
12	Vend.	*Amboise.*
13	Sam.	
14	Dim.	*Baugé.*
15	Lun.	
16	Mar.	
17	Mer.	*Laval.*
18	Jeud.	*Laval.*
19	Vend.	*Laval.*
20	Sam.	*Laval.*
21	Dim.	*Laval.* [En chasse près Laval.]
22	Lun.	
23	Mar.	*Laval.*
24	Mer.	*Sablé.*
25	Jeud.	*Sablé.*
26	Vend.	*Sablé.*
27	Sam.	*Sablé.*
28	Dim.	*Sablé.*
29	Lun.	*Sablé.*
30	Mar.	*La Roche-Talbot* (O).
31	Mer.	*Solesmes, la Flèche.*

SEPTEMBRE.

1	Jeud.	*Baugé* (O).	17	Sam.	*Montils* (L).
2	Vend.		18	Dim.	
3	Sam.		19	Lun.	*Tours.*
4	Dim.		20	Mar.	*Tours.*
5	Lun.		21	Mer.	
6	Mar.		22	Jeud.	*Baugé.*
7	Mer.		23	Vend.	
8	Jeud.		24	Sam.	
9	Vend.		25	Dim.	*Baugé.*
10	Sam.		26	Lun.	
11	Dim.		27	Mar.	*Baugé.*
12	Lun.	*Tours.*	28	Mer.	*Baugé.*
13	Mar.	*Tours.*	29	Jeud.	
14	Mer.		30	Vend.	*Montils.*
15	Jeud.	*Tours* (O).			
16	Vend.	*Tours* (O).			

Duretal. — La Flèche.

1491. — PÂQUES, 3 avril. B.

OCTOBRE.

1	Sam.	*Durtal.*
2	Dm.	
3	Lun.	*Baugé, Laval.*
4	Mar.	*Laval.*
5	Mer.	
6	Jeud.	*Laval.*
7	Vend.	*Laval* (L).
8	Sam.	*Laval* (L).
9	Dm.	*Laval.*
10	Lun.	*Laval.*
11	Mar.	*Laval* (L).
12	Mer.	*Laval* (O).
13	Jeud.	*Laval.*
14	Vend.	*Laval.*
15	Sam.	*Laval.*
16	Dm.	*Laval.*
17	Lun.	
18	Mar.	*Laval.*
19	Mer.	*Laval* (O).
20	Jeud.	*Laval.*
21	Vend.	*Laval.*
22	Sam.	
23	Dm.	
24	Lun.	
25	Mar.	
26	Mer.	*Laval* (L).
27	Jeud.	*Laval* (O).
28	Vend.	*Laval.*
29	Sam.	*Laval.*
30	Dm.	
31	Lun.	*Laval.*

NOVEMBRE.

1	Mar.	*Laval.*
2	Mer.	*Laval* (L).
3	Jeud.	*Laval* (L).
4	Vend.	*Laval.*
5	Sam.	*Laval* (O).
6	Dm.	
7	Lun.	
8	Mar.	*Laval* (L).
9	Mer.	*Vitré, Laval* (L).
10	Jeud.	*Rennes* (O), *Laval* (L).
11	Vend.	*Laval* (L).
12	Sam.	
13	Dm.	*Châteaubourg.*
14	Lun.	*Rennes.*
15	Mar.	*Rennes* (O).
16	Mer.	*Rennes.*
17	Jeud.	*Rennes* (L).
18	Vend.	*Rennes, Vitré.*
19	Sam.	*Vitré.*
20	Dm.	
21	Lun.	
22	Mar.	*Baugé.*
23	Mer.	
24	Jeud.	
25	Vend.	*Baugé.*
26	Sam.	
27	Dm.	
28	Lun.	
29	Mar.	
30	Mer.	*Tours.*

Angers. — Bonnes-Nouvelles-lès-Rennes.

DÉCEMBRE.

1	Jeud.	*Tours* (L).
2	Vend.	*Tours* (O).
3	Sam.	*Tours* (L).
4	Dm.	
5	Lun.	*Montils* (L).
6	Mar.	*Langeais.*
7	Mer.	*Montils* (O).
8	Jeud.	*Montils* (L).
9	Vend.	*Montils-les-Tours.*
10	Sam.	
11	Dm.	*Montils-les-Tours.*
12	Lun.	
13	Mar.	*Montils-les-Tours, Langeais* (O).
14	Mer.	
15	Jeud.	
16	Vend.	*Langeais* (A), *Montils-les-Tours* (L).
17	Sam.	
18	Dm.	
19	Lun.	*Tours* (O).
20	Mar.	*Montils-les-Tours.*
21	Mer.	*Montils* (L).
22	Jeud.	*Plessis-du-Parc* (O).
23	Vend.	*Montils-les-Tours.*
24	Sam.	*Montils* (L).
25	Dm.	*Montils-les-Tours.*
26	Lun.	
27	Mar.	
28	Mer.	*Plessis-du-Parc, Montils* (L).
29	Jeud.	
30	Vend.	*Tours.*
31	Sam.	

1492. — PÂQUES, 22 avril. B.

JANVIER.

1	Dim.	
2	Lun.	*Blois.*
3	Mar.	*Blois.*
4	Mer.	*Blois* (L).
5	Jeud.	
6	Vend.	*Amboise.*
7	Sam.	*Blois* (L).
8	Dim.	
9	Lun.	
10	Mar.	*Orléans.*
11	Mer.	*Orléans.*
12	Jeud.	*Orléans.*
13	Vend.	*Orléans.*
14	Sam.	*Orléans* (O).
15	Dim.	*Orléans.*
16	Lun.	*Orléans.*
17	Mar.	*Orléans.*
18	Mer.	*Orléans* (O).
19	Jeud.	*Orléans* (L).
20	Vend.	
21	Sam.	
22	Dim.	
23	Lun.	
24	Mar.	
25	Mer.	
26	Jeud.	
27	Vend.	
28	Sam.	*Paris.*
29	Dim.	*Paris.*
30	Lun.	*Vincennes.*
31	Mar.	*Paris.*

FÉVRIER.

1	Mer.	
2	Jeud.	
3	Vend.	
4	Sam.	*Paris.*
5	Dim.	
6	Lun.	
7	Mar.	*Paris* (L).
8	Mer.	
9	Jeud.	
10	Vend.	
11	Sam.	*Paris.*
12	Dim.	
13	Lun.	
14	Mar.	
15	Mer.	
16	Jeud.	
17	Vend.	*Paris.*
18	Sam.	*Saint-Denis* (O).
19	Dim.	*Paris* (L).
20	Lun.	
21	Mar.	*Paris.*
22	Mer.	*Paris.*
23	Jeud.	
24	Vend.	
25	Sam.	
26	Dim.	
27	Lun.	
28	Mar.	*Paris* (O).
29	Mer.	*Paris.*

Vincennes (T).

MARS.

1	Jeud.	
2	Vend.	
3	Sam.	
4	Dim.	
5	Lun.	
6	Mar.	
7	Mer.	*Saint-Germain-en-Laye* (L).
8	Jeud.	
9	Vend.	*Paris* (L).
10	Sam.	
11	Dim.	
12	Lun.	*Paris* (L).
13	Mar.	
14	Mer.	
15	Jeud.	
16	Vend.	
17	Sam.	
18	Dim.	
19	Lun.	*Paris* (L).
20	Mar.	
21	Mer.	
22	Jeud.	
23	Vend.	
24	Sam.	*Paris* (O).
25	Dim.	*Paris.*
26	Lun.	*Paris.*
27	Mar.	*Paris.*
28	Mer.	*Paris.*
29	Jeud.	*Paris.*
30	Vend.	*Paris* (L).
31	Sam.	*Paris* (L).

1482. — PÂQUES, 22 avril. B.

AVRIL			MAI	
1	Dm.	Paris (L).	1 Mar.	Paris.
2	Lun.	Paris.	2 Mer.	Paris.
3	Mar.	Paris.	3 Jeud.	Paris.
4	Mer.	Paris.	4 Vend.	Paris.
5	Jeud.	Paris.	5 Sam.	Paris.
6	Vend.	Paris.	6 Dm.	Saint-Germain.
7	Sam.	Paris.	7 Lun.	Paris (O).
8	Dm.	Paris.	8 Mar.	Saint-Germain-en-Laye (L).
9	Lun.	Paris.	9 Mer.	Saint-Germain-en-Laye (L).
10	Mar.	Paris.	10 Jeud.	
11	Mar.	Paris.	11 Vend.	
12	Jeud.	Paris.	12 Sam.	
13	Vend.	Paris.	13 Dm.	Saint-Germain-en-Laye.
14	Sam.	Paris (L).	14 Lun.	
15	Dm.	Paris.	15 Mar.	Saint-Germain-en-Laye (L).
16	Lun.	Paris.	16 Mer.	Saint-Germain (L).
17	Mar.		17 Jeud.	Saint-Germain-en-Laye (L).
18	Mer.	Paris, Poissy.	18 Vend.	Poissy (O).
19	Jeud.	Poissy.	19 Sam.	
20	Vend.	Poissy.	20 Dm.	
21	Sam.	Poissy.	21 Lun.	
22	Dm.	Poissy.	22 Mar.	
23	Lun.	Poissy.	23 Mer.	
24	Mar.	Poissy.	24 Jeud.	
25	Mer.	Poissy.	25 Vend.	
26	Jeud.	Paris.	26 Sam.	
27	Vend.	Paris.	27 Dm.	Poissy (L).
28	Sam.	Paris (L).	28 Lun.	
29	Dm.	Paris.	29 Mar.	
30	Lun.	Paris.	30 Mer.	Paris.
			31 Jeud.	

JUIN				
1 Vend.		17 Dm.	
2 Sam.		18 Lun.	
3 Dm.		19 Mar.	
4 Lun.	Paris.	20 Mer.	
5 Mar.		21 Jeud.	
6 Mer.		22 Vend.	
7 Jeud.	Paris.	23 Sam.	Paris.
8 Vend.		24 Dm.	Paris (O).
9 Sam.		25 Lun.	
10 Dm.		26 Mar.	
11 Lun.		27 Mer.	
12 Mar.		28 Jeud.	
13 Mer.	Paris (O).	29 Vend.	
14 Jeud.		30 Sam.	
15 Vend.			
16 Sam.	Paris (O).		

1492. — PÂQUES, 22 avril. B.

JUILLET.

1	Dim.	Paris.
2	Lun.	
3	Mar.	Paris.
4	Mer.	Paris.
5	Jeud.	Paris.
6	Vend.	Paris.
7	Sam.	Paris (O).
8	Dim.	Paris.
9	Lun.	Paris (L), Savigny.
10	Mar.	Savigny-sur-Orge (L).
11	Mer.	Savigny (L).
12	Jeud.	Savigny, Paris (L).
13	Vend.	Savigny.
14	Sam.	Savigny (L).
15	Dim.	Savigny.
16	Lun.	Marcoussis.
17	Mar.	Marcoussis.
18	Mer.	Marcoussis.
19	Jeud.	Marcoussis, Savigny.
20	Vend.	Chartres-sous-Montlhéry.
21	Sam.	Étampes.
22	Dim.	Étampes.
23	Lun.	Étampes (L).
24	Mar.	Étampes.
25	Mer.	Étampes.
26	Jeud.	Étampes (O).
27	Vend.	Malesherbes.
28	Sam.	Malesherbes, Étampes.
29	Dim.	Étampes.
30	Lun.	Étampes.
31	Mar.	Boissy, Étampes.

AOÛT.

1	Mer.	Étampes.
2	Jeud.	Étampes.
3	Vend.	Étampes (L), la Ferté.
4	Sam.	Corbeil (L).
5	Dim.	Paris.
6	Lun.	Paris.
7	Mar.	Paris (L).
8	Mer.	Paris.
9	Jeud.	Paris, Corbeil.
10	Vend.	Corbeil.
11	Sam.	Corbeil.
12	Dim.	Corbeil, Melun.
13	Lun.	Melun.
14	Mar.	Melun.
15	Mer.	Melun.
16	Jeud.	Melun.
17	Vend.	Melun.
18	Sam.	Melun.
19	Dim.	Melun.
20	Lun.	Melun.
21	Mar.	Melun.
22	Mer.	Melun.
23	Jeud.	La Ferté-Alais, Corbeil, Paris.
24	Vend.	Paris.
25	Sam.	Paris.
26	Dim.	Paris (L).
27	Lun.	Paris.
28	Mar.	Corbeil, Milly, Melun (L).
29	Mer.	Milly, Malesherbes.
30	Jeud.	Malesherbes.
31	Vend.	Puiseaux.

SEPTEMBRE.

1	Sam.	Montargis.
2	Dim.	Montargis.
3	Lun.	Montargis.
4	Mar.	Montargis.
5	Mer.	Montargis.
6	Jeud.	
7	Vend.	
8	Sam.	Montils (L).
9	Dim.	
10	Lun.	
11	Mar.	
12	Mer.	
13	Jeud.	
14	Vend.	Malesherbes.
15	Sam.	
16	Dim.	Orléans.
17	Lun.	
18	Mar.	Orléans (O).
19	Mer.	
20	Jeud.	
21	Vend.	
22	Sam.	
23	Dim.	
24	Lun.	Montils-les-Tours.
25	Mar.	
26	Mer.	
27	Jeud.	
28	Vend.	Tours.
29	Sam.	
30	Dim.	Montils (L).

1492. — PÂQUES, 22 avril. B.

OCTOBRE.		NOVEMBRE.	
1 Lun.	Tours.	1 Jeud.	
2 Mar.	Montils-les-Tours.	2 Vend.	
3 Mer.	Tours.	3 Sam.	
4 Jeud.	Plessis-les-Tours.	4 Dm.	
5 Vend.	Plessis-du-Parc.	5 Lun.	Mont'ls-les-Tours.
6 Sam.	Plessis.	6 Mar.	
7 Dm.	Montils.	7 Mer.	
8 Lun.	Montils.	8 Jeud.	
9 Mar.	Montils (L), Plessis.	9 Vend.	
10 Mer.	Montils (L), (O), Pless's.	10 Sam.	Montils.
11 Jeud.	Pless's.	11 Dm.	
12 Vend.	Tours, Plessis.	12 Lun.	Tours.
13 Sam.	Plessis.	13 Mar.	
14 Dm.	Plessis.	14 Mer.	Mont'ls (L).
15 Lun.	Montils (O).	15 Jeud.	
16 Mar.	Montils-les-Tours.	16 Vend.	
17 Mer.		17 Sam.	
18 Jeud.		18 Dm.	
19 Vend.		19 Lun.	Montils (L).
20 Sam.		20 Mar.	
21 Dm.	Montils-les-Tours.	21 Mer.	
22 Lun.	Montils-les-Tours.	22 Jeud.	
23 Mar.		23 Vend.	
24 Mer.		24 Sam.	
25 Jeud.		25 Dm.	
26 Vend.	Pless's.	26 Lun.	
27 Sam.	Tours, Plessis (O).	27 Mar.	Tours.
28 Dm.	Plessis.	28 Mer.	
29 Lun.		29 Jeud.	Tours.
30 Mar.		30 Vend.	
31 Mer.			

DÉCEMBRE.			
1 Sam.		17 Lun.	
2 Dm.		18 Mar.	Par's.
3 Lun.	Tours.	19 Mer.	
4 Mar.	Montils.	20 Jeud.	
5 Mer.	Montils (L).	21 Vend.	
6 Jeud.	Montils (L).	22 Sam.	
7 Vend.		23 Dm.	
8 Sam.		24 Lun.	
9 Dm.		25 Mar.	
10 Lun.	Montils (L).	26 Mer.	
11 Mar.		27 Jeud.	
12 Mer.		28 Vend.	
13 Jeud.	Amboise.	29 Sam.	
14 Vend.		30 Dm.	Melun.
15 Sam.		31 Lun.	Melun.
16 Dm.			

1493. — PÂQUES, 7 avril.

JANVIER.

1	Mar.	Melun.
2	Mer.	Melun.
3	Jeud.	Melun.
4	Vend.	Melun.
5	Sam.	Melun.
6	Dm.	Melun.
7	Lun.	Melun.
8	Mar.	Melun.
9	Mer.	
10	Jeud.	Paris.
11	Vend.	Paris.
12	Sam.	Paris, Saint-Germain.
13	Dm.	Saint-Germain.
14	Lun.	Saint-Germain.
15	Mar.	Saint-Germain.
16	Mer.	Poissy.
17	Jeud.	Poissy.
18	Vend.	Poissy.
19	Sam.	Poissy (L).
20	Dm.	Poissy.
21	Lun.	Poissy, Saint-Germain.
22	Mar.	Saint-Germain.
23	Mer.	Pont de Saint-Cloud, Bourg-la-Reine.
24	Jeud.	Bourg-la-Reine, Paris.
25	Vend.	Paris.
26	Sam.	Paris.
27	Dm.	Paris.
28	Lun.	Paris.
29	Mar.	Paris.
30	Mer.	Vincennes, Paris.
31	Jeud.	Paris.

FÉVRIER.

1	Vend.	Paris.
2	Sam.	Paris.
3	Dm.	Paris.
4	Lun.	Paris, Longjumeau.
5	Mar.	Paris.
6	Mer.	Paris.
7	Jeud.	Paris.
8	Vend.	Paris.
9	Sam.	Longjumeau, Paris.
10	Dm.	Paris.
11	Lun.	Paris.
12	Mar.	Longjumeau, Paris.
13	Mer.	Paris (L).
14	Jeud.	Paris.
15	Vend.	Paris.
16	Sam.	Paris.
17	Dm.	Paris.
18	Lun.	Paris.
19	Mar.	Paris.
20	Mer.	Paris.
21	Jeud.	Paris.
22	Vend.	Paris.
23	Sam.	Paris, Saint-Denis.
24	Dm.	Saint-Denis, Paris.
25	Lun.	Paris.
26	Mar.	Paris.
27	Mer.	Paris.
28	Jeud.	Saint-Denis, Paris.

Saint-Antoine-des-Champs (T).

MARS.

1	Vend.	Paris.
2	Sam.	Paris, Saint-Denis.
3	Dm.	Saint-Denis.
4	Lun.	Saint-Denis.
5	Mar.	Bourget.
6	Mer.	Saint-Denis.
7	Jeud.	Saint-Denis.
8	Vend.	Saint-Denis.
9	Sam.	Saint-Denis.
10	Dm.	Saint-Denis.
11	Lun.	Saint-Marceau, à Paris.
12	Mar.	Paris, Savigny.
13	Mer.	Savigny.
14	Jeud.	Savigny.
15	Vend.	Savigny.
16	Sam.	Savigny.
17	Dm.	Paris, Savigny.
18	Lun.	Savigny.
19	Mar.	Savigny.
20	Mer.	Savigny.
21	Jeud.	Savigny.
22	Vend.	Melun.
23	Sam.	Melun.
24	Dm.	Melun.
25	Lun.	Melun.
26	Mar.	Melun, Villeneuve.
27	Mer.	Aux Tournelles, à Paris.
28	Jeud.	Bourget, Paris.
29	Vend.	
30	Sam.	Paris.
31	Dm.	

1493. — PÂQUES, 7 avril.

AVRIL.

1	Lun.	
2	Mar.	*Paris.*
3	Mer.	
4	Jeud.	
5	Vend.	
6	Sam.	*Compiègne.*
7	Dim.	
8	Lun.	
9	Mar.	*Compiègne.*
10	Mer.	
11	Jeud.	
12	Vend.	
13	Sam.	
14	Dim.	
15	Lun.	
16	Mar.	*Compiègne.*
17	Mer.	
18	Jeud.	
19	Vend.	
20	Sam.	
21	Dim.	*Creil.*
22	Lun.	
23	Mar.	
24	Mer.	
25	Jeud.	
26	Vend.	*Creil.*
27	Sam.	
28	Dim.	
29	Lun.	*Senlis.*
30	Mar.	

MAI.

1	Mer.	*Senl's.*
2	Jeud.	
3	Vend.	*Senlis.*
4	Sam.	*Senlis* (L).
5	Dim.	
6	Lun.	
7	Mar.	
8	Mer.	
9	Jeud.	
10	Vend.	*Senlis* (L).
11	Sam.	
12	Dim.	
13	Lun.	*Senl's* (L).
14	Mar.	
15	Mer.	
16	Jeud.	
17	Vend.	*Paris.*
18	Sam.	
19	Dim.	
20	Lun.	
21	Mar.	
22	Mer.	
23	Jeud.	*Senlis* (L), (O).
24	Vend.	
25	Sam.	
26	Dim.	
27	Lun.	
28	Mar.	
29	Mer.	*Senlis* (L).
30	Jeud.	
31	Vend.	

Ermenonville. — Chaalis, près Senlis.

JUIN.

1	Sam.	*Bourdeaux.*		18	Mar.	
2	Dim.	*Senlis.*		19	Mer.	
3	Lun.	*Chauny.*		20	Jeud.	
4	Mar.			21	Vend.	
5	Mer.			22	Sam.	*Paris.*
6	Jeud.			23	Dim.	*Paris.*
7	Vend.	*Saint-Quentin.*		24	Lun.	
8	Sam.			25	Mar.	*Paris.*
9	Dim.			26	Mer.	*Paris.*
10	Lun.			27	Jeud.	*Paris* (L).
11	Mar.			28	Vend.	*Paris* (L).
12	Mer.			29	Sam.	
13	Jeud.	*Hesdin.*		30	Dim.	
14	Vend.	*Paris.* (Par le Roi.)				
15	Sam.					
16	Dim.					
17	Lun.	*Abbeville.*				

Saint-Esprit-de-Rue. — Nouvelle entrée à Ham. — Laon. — Folleville. — Amiens. — Corbie. — Rue-sur-Mer. — Noyon. — Boulogne-sur-Mer. — Montreuil. — Hesdin.

1483. — PÂQUES, 7 avril.

JUILLET.		AOÛT.	
1 Lun.		1 Jeud.	*Malesherbes.*
2 Mar.	*Paris.*	2 Vend.	
3 Mer.		3 Sam.	
4 Jeud.		4 Dim.	*Ferté-Alops (L).*
5 Vend.		5 Lun.	
6 Sam.	*Paris.*	6 Mar.	
7 Dim.	*Paris (L).*	7 Mer.	
8 Lun.		8 Jeud.	
9 Mar.		9 Vend.	
10 Mer.	*Paris.*	10 Sam.	
11 Jeud.	*Paris (L).*	11 Dim.	
12 Vend.	*Paris.*	12 Lun.	
13 Sam.	*Savigny-sur-Orge.*	13 Mar.	*Courcelles-le-Roi.*
14 Dim.	*Saint-Jean-lès-Corbeil (L).*	14 Mer.	
15 Lun.		15 Jeud.	
16 Mar.		16 Vend.	*Courcelles (L), Orléans.*
17 Mer.		17 Sam.	*Courcelles (L).*
18 Jeud.		18 Dim.	
19 Vend.		19 Lun.	
20 Sam.	*Melun (L).*	20 Mar.	
21 Dim.	*Melun.*	21 Mer.	
22 Lun.	*Melun.*	22 Jeud.	
23 Mar.	*Melun.*	23 Vend.	*Orléans (L).*
24 Mer.	*Melun.*	24 Sam.	
25 Jeud.	*Melun.*	25 Dim.	
26 Vend.		26 Lun.	*Orléans.*
27 Sam.		27 Mar.	
28 Dim.	*Melun, Chailly-en-Brière.*	28 Mer.	*Orléans (L).*
29 Lun.		29 Jeud.	*Orléans.*
30 Mar.	*Melun.*	30 Vend.	
31 Mer.	*Melun.*	31 Sam.	*Orléans (O).*

Saint-Germain, près Paris.

Gergeau (T. 226, A. 115).

SEPTEMBRE.			
1 Dim.	*Orléans (O).*	17 Mar.	*Tours.*
2 Lun.		18 Mer.	
3 Mar.	*Courcelles.*	19 Jeud.	
4 Mer.		20 Vend.	*Amboise.*
5 Jeud.		21 Sam.	
6 Vend.		22 Dim.	
7 Sam.		23 Lun.	
8 Dim.		24 Mar.	
9 Lun.		25 Mer.	
10 Mar.		26 Jeud.	
11 Mer.	*Saint-Simon.*	27 Vend.	
12 Jeud.		28 Sam.	*Montils (L).*
13 Vend.		29 Dim.	
14 Sam.	*Amboise.*	30 Lun.	
15 Dim.			
16 Lun.			

Marchenoir (T).

1463. — PÂQUES, 7 avril.

OCTOBRE.

1	Mar.	*Montils* (L).
2	Mer.	
3	Jeud.	
4	Vend.	
5	Sam.	*Tours.*
6	Dim.	
7	Lun.	
8	Mar.	
9	Mer.	*Montils* (L).
10	Jeud.	
11	Vend.	
12	Sam.	*Tours.*
13	Dim.	*Montils* (O).
14	Lun.	*Montils* (O).
15	Mar.	*Tours.*
16	Mer.	
17	Jeud.	
18	Vend.	
19	Sam.	
20	Dim.	
21	Lun.	
22	Mar.	
23	Mer.	
24	Jeud.	*Montils.*
25	Vend.	*Montils* (O).
26	Sam.	
27	Dim.	
28	Lun.	
29	Mar.	
30	Mer.	
31	Jeud.	*Tours.*

Amboise (T).

NOVEMBRE.

1	Vend.	
2	Sam.	
3	Dim.	*Tours* (O).
4	Lun.	
5	Mar.	
6	Mer.	
7	Jeud.	
8	Vend.	
9	Sam.	
10	Dim.	
11	Lun.	
12	Mar.	
13	Mer.	*Châtellerault.*
14	Jeud.	
15	Vend.	
16	Sam.	*L'Isle-Bouchard.*
17	Dim.	*Tours.*
18	Lun.	*Amboise.*
19	Mar.	
20	Mer.	
21	Jeud.	
22	Vend.	
23	Sam.	
24	Dim.	*Montils-les-Tours.*
25	Lun.	
26	Mar.	
27	Mer.	
28	Jeud.	
29	Vend.	
30	Sam.	

DÉCEMBRE.

1	Dim.		17	Mar.	*Montils*
2	Lun.		18	Mer.	*Orléans* (L).
3	Mar.	*Amboise* (O).	19	Jeud.	
4	Mer.	*Montils* (O).	20	Vend.	
5	Jeud.	*Amboise* (O).	21	Sam.	
6	Vend.		22	Dim.	
7	Sam.		23	Lun.	
8	Dim.	*Montils* (L).	24	Mar.	
9	Lun.	*Amboise* (O).	25	Mer.	
10	Mar.		26	Jeud.	
11	Mer.	*Amboise* (O).	27	Vend.	
12	Jeud.	*Amboise* (L).	28	Sam.	
13	Vend.		29	Dim.	
14	Sam.		30	Lun.	
15	Dim.		31	Mar.	
16	Lun.				

Nantes, 45. — L'Isle-Bouchard.

1491. — PÂQUES, 30 mars.

JANVIER.

1	Mer.	
2	Jeud.	
3	Vend.	
4	Sam.	
5	Dim.	
6	Lun.	
7	Mar.	
8	Mer.	
9	Jeud.	
10	Vend.	
11	Sam.	
12	Dim.	
13	Lun.	
14	Mar.	
15	Mer.	*Montils.*
16	Jeud.	
17	Vend.	
18	Sam.	
19	Dim.	
20	Lun.	*Montils.*
21	Mar.	*Montils-les-Tours.*
22	Mer.	*Montils* (L).
23	Jeud.	
24	Vend.	*Amboise* (L).
25	Sam.	
26	Dim.	
27	Lun.	*Montils-les-Tours.*
28	Mar.	*Montils* (O).
29	Mer.	
30	Jeud.	
31	Vend.	*Montils* (O), *Amboise.*

FÉVRIER.

1	Sam.	
2	Dim.	
3	Lun.	
4	Mar.	*Plessis-du-Parc.*
5	Mer.	
6	Jeud.	
7	Vend.	*Montils* (L).
8	Sam.	*Montils* (L).
9	Dim.	
10	Lun.	*Amboise* (L).
11	Mar.	
12	Mer.	
13	Jeud.	*Amboise* (L).
14	Vend.	*Pont de Sauldre* (L).
15	Sam.	
16	Dim.	
17	Lun.	
18	Mar.	
19	Mer.	
20	Jeud.	
21	Vend.	
22	Sam.	*Moulins* (L).
23	Dim.	
24	Lun.	
25	Mar.	
26	Mer.	*Moulins* (L).
27	Jeud.	*Moulins* (L).
28	Vend.	

MARS.

1	Sam.	
2	Dim.	*Moulins.*
3	Lun.	
4	Mar.	
5	Mer.	
6	Jeud.	*Lyon.*
7	Vend.	*Lyon* (L).
8	Sam.	
9	Dim.	
10	Lun.	*Lyon.*
11	Mar.	
12	Mer.	
13	Jeud.	
14	Vend.	*Lyon* (L).
15	Sam.	
16	Dim.	
17	Lun.	
18	Mar.	
19	Mer.	
20	Jeud.	
21	Vend.	*Lyon* (O).
22	Sam.	
23	Dim.	
24	Lun.	
25	Mar.	*Lyon.*
26	Mer.	
27	Jeud.	*Vienne* (L).
28	Vend.	
29	Sam.	*Vienne* (L).
30	Dim.	
31	Lun.	

1495. — PÂQUES, 30 mars.

AVRIL.

1	Mar.	Vienne (T).
2	Mar.	
3	Jeud.	
4	Vend.	Lyon, Saint-Just.
5	Sam.	
6	Dim.	
7	Lun.	
8	Mar.	
9	Mer.	Lyon (L).
10	Jeud.	Lyon (L).
11	Vend.	Lyon (L).
12	Sam.	Lyon.
13	Dim.	
14	Lun.	
15	Mar.	
16	Mer.	
17	Jeud.	
18	Vend.	
19	Sam.	
20	Dim.	Lyon (L).
21	Lun.	Lyon (L).
22	Mar.	Lyon.
23	Mer.	
24	Jeud.	Lyon.
25	Vend.	
26	Sam.	
27	Dim.	
28	Lun.	
29	Mar.	Lyon (O).
30	Mer.	Lyon.

Escotier. — Cauville. — Sainte-Colombe.

MAI.

1	Jeud.	
2	Vend.	
3	Sam.	
4	Dim.	
5	Lun.	
6	Mar.	Lyon (L), (O).
7	Mer.	
8	Jeud.	Lyon.
9	Vend.	
10	Sam.	Lyon.
11	Dim.	
12	Lun.	
13	Mar.	
14	Mer.	
15	Jeud.	
16	Vend.	
17	Sam.	
18	Dim.	Lyon.
19	Lun.	
20	Mar.	
21	Mer.	Lyon.
22	Jeud.	
23	Vend.	
24	Sam.	
25	Dim.	
26	Lun.	
27	Mar.	Lyon.
28	Mer.	Salins (L)?
29	Jeud.	
30	Vend.	
31	Sam.	

JUIN

1	Dim.	Lyon (L).
2	Lun.	
3	Mar.	
4	Mer.	
5	Jeud.	
6	Vend.	
7	Sam.	Lyon.
8	Dim.	Lyon.
9	Lun.	
10	Mar.	
11	Mer.	Lyon.
12	Jeud.	Lyon.
13	Vend.	Lyon.
14	Sam.	
15	Dim.	
16	Lun.	Lyon (O).
17	Mar.	Lyon (L).
18	Mer.	
19	Jeud.	Dijon (entrée).
20	Vend.	
21	Sam.	
22	Dim.	
23	Lun.	Auxonne (L).
24	Mar.	
25	Mer.	
26	Jeud.	
27	Vend.	
28	Sam.	
29	Dim.	
30	Lun.	

Saint-Claude. — Mâcon. — Rouvre.

1494. — PÂQUES, 30 mars.

JUILLET.

1	Mar.	Pont-d'Ain (L).
2	Mer.	Lyon-sur-le-Rosne.
3	Jeud.	Lyon.
4	Vend.	Lyon.
5	Sam.	Lyon.
6	Dim.	
7	Lun.	Lyon.
8	Mar.	
9	Mer.	
10	Jeud.	
11	Vend.	
12	Sam.	
13	Dim.	Lyon.
14	Lun.	
15	Mar.	Lyon.
16	Mer	Lyon (O).
17	Jeud.	
18	Vend.	Lyon (O).
19	Sam.	Lyon (L).
20	Dim.	
21	Lun.	
22	Mar.	
23	Mer.	Lyon (L).
24	Jeud.	
25	Vend.	
26	Sam.	
27	Dim.	Lyon (L).
28	Lun.	
29	Mar.	
30	Mer.	
31	Jeud.	

AOÛT.

1	Vend.	
2	Sam.	Lyon.
3	Dim.	
4	Lun.	
5	Mar.	Vienne (L).
6	Mer.	
7	Jeud.	Vienne.
8	Vend.	
9	Sam.	Vienne (L).
10	Dim.	
11	Lun.	Lyon (O), Vienne.
12	Mar.	
13	Mer.	Vienne.
14	Jeud.	
15	Vend.	
16	Sam.	
17	Dim.	
18	Lun.	Vienne (L).
19	Mar.	
20	Mer.	Vienne (L).
21	Jeud.	Vienne.
22	Vend.	Vienne, Villeneuve, la Côte-S*-André.
23	Sam.	Entrée à Grenoble.
24	Dim.	Grenoble.
25	Lun.	Grenoble.
26	Mar.	Grenoble.
27	Mer.	Grenoble.
28	Jeud.	Grenoble (L).
29	Vend.	Grenoble, la Mure, Ery.
30	Sam.	Saint-Bonnet, Gap.
31	Dim.	Sorpes, Embrun.

SEPTEMBRE.

1	Lun.	Saint-Crépin, Briançon.	17	Mer.	Asti.
2	Mar.	Briançon, Sézanne, Prévosté-Dorée.	18	Jeud.	Asti (L).
3	Mer.	Prévosté-Dorée, Chaumont, Suze.	19	Vend.	Asti.
4	Jeud.	Saint-Joue, Vissaigne-en-Piémond.	20	Sam.	Asti.
5	Vend.	Entrée à Turin.	21	Dim.	Asti.
6	Sam.	Turin, Quiers.	22	Lun.	Asti.
7	Dim.	Quiers.	23	Mar.	Asti (L)
8	Lun.	Quiers (L).	24	Mer.	Asti.
9	Mar.	Quiers, Villeneuve, Asti.	25	Jeud.	Asti.
10	Mer.	Asti.	26	Vend.	Asti.
11	Jeud.	Asti L).	27	Sam.	Asti.
12	Vend.	Asti.	28	Dim.	Asti (L).
13	Sam.	Asti.	29	Lun.	Asti.
14	Dim.	Asti.	30	Mar.	Asti.
15	Lun.	Asti.			
16	Mar.	Asti.			

1494. — PÂQUES, 30 mars.

OCTOBRE.

1	Mer.	*Asti.*
2	Jeud.	*Asti.*
3	Vend.	*Asti.*
4	Sam.	*Asti.*
5	Dim.	*Asti.*
6	Lun.	*Asti, Farinière, Montcel.*
7	Mar.	*Casal.*
8	Mer.	*Casal.*
9	Jeud.	*Casal.*
10	Vend.	*Casal, Cousse, Mortara.*
11	Sam.	*Vigevano.*
12	Dim.	*Vigevano.*
13	Lun.	*Granges.*
14	Mar.	*Pavie.*
15	Mer.	*Pavie (L).*
16	Jeud.	*Pavie (L).*
17	Vend.	*Pavie, Castel-Saint-Jean.*
18	Sam.	*Rouquesse, Plaisance.*
19	Dim.	*Plaisance.*
20	Lun.	*Plaisance.*
21	Mar.	*Plaisance.*
22	Mer.	*Plaisance (L).*
23	Jeud.	*Plaisance, Florensole.*
24	Vend.	*Bourg-Saint-Denis.*
25	Sam.	*Fornoue.*
26	Dim.	*Monts des Alpes.*
27	Lun.	*Bellée.*
28	Mar.	*Pontremoli (entrée).*
29	Mer.	*Pontremoli (L) [O].*
30	Jeud.	*Pontremoli (L).*
31	Vend.	*Sarzane.*

NOVEMBRE.

1	Sam.	*Sarzane (Sozerane).*
2	Dim.	*Sarzane (L).*
3	Lun.	*Sarzane.*
4	Mar.	*Sarzane.*
5	Mer.	*Sarzane (L).*
6	Jeud.	*Sarzane, Masse.*
7	Vend.	*Masse, Pietra Sancta (Z).*
8	Sam.	*Entrée à Luques.*
9	Dim.	*Luques, Primat, Pise.*
10	Lun.	*Pise (L), Empoly.*
11	Mar.	*Pont-du-Signe.*
12	Mer.	*Pont-du-Signe.*
13	Jeud.	*Pont-du-Signe.*
14	Vend.	*Pont-du-Signe.*
15	Sam.	*Pont-du-Signe.*
16	Dim.	*Pont-du-Signe.*
17	Lun.	*Florence.*
18	Mar.	*Florence.*
19	Mer.	*Florence.*
20	Jeud.	*Florence.*
21	Vend.	*Florence (L).*
22	Sam.	*Florence (L), (O).*
23	Dim.	*Florence.*
24	Lun.	*Florence (L).*
25	Mar.	*Florence.*
26	Mer.	*Florence.*
27	Jeud.	*Florence (O).*
28	Vend.	*Florence.*
29	Sam.	*Florence (L), Saint-Casant.*
30	Dim.	*Saint-Casant.*

DÉCEMBRE.

1	Lun.	*Pongipont (Z).*
2	Mar.	*Aye, Sienne.*
3	Mer.	*Sienne (L).*
4	Jeud.	*Sienne, Saint-Clair.*
5	Vend.	*Monte Aquila (L).*
6	Sam.	*Sant-Clero, Ritoure, Paillette.*
7	Dim.	*Aiguependant.*
8	Lun.	*Aiguependant.*
9	Mar.	*Aiguependant.*
10	Mer.	*Viterbe.*
11	Jeud.	*Viterbe.*
12	Vend.	*Viterbe (L).*
13	Sam.	*Viterbe (L).*
14	Dim.	*Viterbe (L), (O).*
15	Lun.	*Viterbe, Neppi.*
16	Mar.	*Neppi.*
17	Mer.	*Neppi.*
18	Jeud.	*Neppi (L).*
19	Vend.	*Neppi, Bracciano.*
20	Sam.	*Bracciano (G).*
21	Dim.	*Bracciano (L).*
22	Lun.	*Bracciano (Z).*
23	Mar.	*Bracciano.*
24	Mer.	*Bracciano.*
25	Jeud.	*Bracciano.*
26	Vend.	*Bracciano.*
27	Sam.	*Bracciano.*
28	Dim.	*Bracciano.*
29	Lun.	*Bracciano (L).*
30	Mar.	*Bracciano.*
31	Mer.	*Bracciano, Rome (entrée).*

1495. — PÂQUES, 19 avril.

JANVIER.

1	Jeud.	*Rome.*
2	Vend.	*Rome.*
3	Sam.	*Rome.*
4	Dim.	*Rome.*
5	Lun.	*Rome.*
6	Mar.	*Rome.*
7	Mer.	*Rome (L).*
8	Jeud.	*Rome (L).*
9	Vend.	*Rome.*
10	Sam.	*Rome.*
11	Dim.	*Rome (O).*
12	Lun.	*Rome (L).*
13	Mar.	*Rome (O).*
14	Mer.	*Rome.*
15	Jeud.	*Rome.*
16	Vend.	*Rome.*
17	Sam.	*Rome (L), (O).*
18	Dim.	*Rome.*
19	Lun.	*Rome, messe à Saint-Pierre.*
20	Mar.	*Rome (L).*
21	Mer.	*Rome (L).*
22	Jeud.	*Rome.*
23	Vend.	*Rome.*
24	Sam.	*Rome.*
25	Dim.	*Rome.*
26	Lun.	*Rome.*
27	Mar.	*Rome (L).*
28	Mer.	*Départ de Rome, Marigni.*
29	Jeud.	*Marino, Velletre (L).*
30	Vend.	*Velletre.*
31	Sam.	*Velletre.*

FÉVRIER.

1	Dim.	*Velletre.*
2	Lun.	*Velletre.*
3	Mar.	*Velemontana.*
4	Mer.	*La Tour, Florentin.*
5	Jeud.	*Florentin.*
6	Vend.	*Florentin (L), Veroli.*
7	Sam.	*Veroli.*
8	Dim.	*Veroli.*
9	Lun.	*Veroli (L).*
10	Mar.	
11	Mer.	*Veroli (L).*
12	Jeud.	*Cipriano.*
13	Vend.	*San Germano (L).*
14	Sam.	*San Germano (L).*
15	Dim.	*San Germano, Mignague.*
16	Lun.	*Triagus.*
17	Mar.	*Calvy.*
18	Mer.	*Entrée à Capoue.*
19	Jeud.	*Capoue, Aversa.*
20	Vend.	*Aversa.*
21	Sam.	*Pouge Réal.*
22	Dim.	*Naples (L) [entrée].*
23	Lun.	*Naples.*
24	Mar.	*Naples (L).*
25	Mer.	*Naples.*
26	Jeud.	*Naples.*
27	Vend.	*Naples.*
28	Sam.	*Naples.*

MARS.

1	Dim.	*Naples (L).*	17	Mar.	*Naples (L).*
2	Lun.	*Naples (L).*	18	Mer.	*Naples.*
3	Mar.	*Naples (L).*	19	Jeud.	*Naples.*
4	Mer.	*Naples.*	20	Vend.	*Naples.*
5	Jeud.	*Castel Capuana (E).*	21	Sam.	*Naples.*
6	Vend.	*Naples.*	22	Dim.	*Naples.*
7	Sam.	*Naples.*	23	Lun.	*Naples, Pougeréal.*
8	Dim.	*Naples.*	24	Mar.	*Naples, Castel Capuana.*
9	Lun.	*Naples.*	25	Mer.	*Naples.*
10	Mar.	*Naples.*	26	Jeud.	*Naples.*
11	Mer.	*Naples.*	27	Vend.	*Naples, Pougeréal.*
12	Jeud.	*Castel Capuana.*	28	Sam.	*Naples (L).*
13	Vend.	*Naples.*	29	Dim.	*Naples (L).*
14	Sam.	*Naples.*	30	Lun.	*Naples.*
15	Dim.	*Castel Capuana.*	31	Mar.	*Naples.*
16	Lun.	*Castel Capuana.*			

1495. — PÂQUES, 19 avril.

AVRIL.		MAI.	
1 Mer.	*Naples, Pougeréal.*	1 Vend.	*Naples.*
2 Jeud.	*Naples.*	2 Sam.	*Naples, Pougeréal.*
3 Vend.	*Naples.*	3 Dim.	*Naples (L), (O).*
4 Sam.	*Naples.*	4 Lun.	*Naples.*
5 Dim.	*Naples.*	5 Mar.	*Naples.*
6 Lun.	*Naples.*	6 Mer.	*Naples (L).*
7 Mar.	*Naples.*	7 Jeud.	*Naples.*
8 Mer.	*Naples.*	8 Vend.	*Naples (L).*
9 Jeud.	*Castel Capuana.*	9 Sam.	*Naples (L).*
10 Vend.	*Naples.*	10 Dim.	*Naples.*
11 Sam.	*Castel Capuana.*	11 Lun.	*Naples.*
12 Dim.	*Naples, Pougeréal.*	12 Mar.	*Grande entrée à Naples.*
13 Lun.	*Naples.*	13 Mer.	*Naples.*
14 Mar.	*Naples.*	14 Jeud.	*Naples.*
15 Mer.	*Naples.*	15 Vend.	*Naples.*
16 Jeud.	*Naples.*	16 Sam.	*Naples.*
17 Vend.	*Naples.*	17 Dim.	*Naples (L).*
18 Sam.	*Castel Capuana.*	18 Lun.	*Naples (G).*
19 Dim.	*Naples.*	19 Mar.	*Naples.*
20 Lun.	*Naples.*	20 Mer.	*Naples (L), Aversa.*
21 Mar.	*Naples.*	21 Jeud.	*Aversa, Capoue.*
22 Mer.	*Naples.*	22 Vend.	*Capoue, Sessa.*
23 Jeud.	*Naples.*	23 Sam.	*Sessa, Gayette.*
24 Vend.	*Naples.*	24 Dim.	*San Germano.*
25 Sam.	*Naples.*	25 Lun.	*Ponte Corvo.*
26 Dim.	*Naples (L).*	26 Mar.	*Cypriana*
27 Lun.	*Naples (L).*	27 Mer.	*Frosinone.*
28 Mar.	*Naples.*	28 Jeud.	*Lyagus.*
29 Mer.	*Naples.*	29 Vend.	*Vallemontana.*
30 Jeud.	*Naples.*	30 Sam.	*Marino.*
		31 Dim.	*Marino.*

JUIN.			
1 Lun.	*Entrée à Rome.*	17 Mer.	*Sienne, Pontgibaud.*
2 Mar.	*Rome.*	18 Jeud.	*Pontgibaud.*
3 Mer.	*Rome, Isola, Campanola.*	19 Vend.	*Campana, près Florence.*
4 Jeud.	*Soulte.*	20 Sam.	*Cassine, Pise (L).*
5 Vend.	*Rossillon, Viterbe.*	21 Dim.	*Pise.*
6 Sam.	*Viterbe.*	22 Lun.	*Pise.*
7 Dim.	*Viterbe.*	23 Mar.	*Pise, Pommart, Lucques (L).*
8 Lun.	*Viterbe, Montefiascone.*	24 Mer.	*Lucques.*
9 Mar.	*Aiguependante.*	25 Jeud.	*Petra Sancta.*
10 Mer.	*Aiguependante.*	26 Vend.	*Petra Sancta, Lavance, Sarzanna.*
11 Jeud.	*La Paille.*	27 Sam.	*Sarzanna.*
12 Vend.	*Ricolle, Saint-Cler.*	28 Dim.	*La Boulle, Villefranche.*
13 Sam.	*Pont Saval, Sienne.*	29 Lun.	*Pontremoli.*
14 Dim.	*Sienne.*	30 Mar.	*Pontremoli.*
15 Lun.	*Sienne.*		
16 Mar.	*Sienne.*		

1495. — PÂQUES, 19 avril.

JUILLET.		AOÛT.	
1 Mer.	*Pontremoli.*	1 Sam.	*Turin.*
2 Jeud.	*Pontremoli (L), Versay.*	2 Dim.	*Turin.*
3 Vend.	*Versay, Cassio.*	3 Lun.	*Turin (L), Quiers.*
4 Sam.	*Cassio, Terrenzo.*	4 Mar.	*Quiers, Turin (L).*
5 Dim.	*Terrenzo, Fornouo.*	5 Mer.	*Turin.*
6 Lun.	*Fornouo (Bataille de).*	6 Jeud.	*Turin (L).*
7 Mar.	*Au camp de Madalena.*	7 Vend.	*Turin, Quiers.*
8 Mer.	*Madalena, Firenzuola.*	8 Sam.	*Quiers (L).*
9 Jeud.	*Firenzuola.*	9 Dim.	*Quiers.*
10 Vend.	*Castel S. Giovanni.*	10 Lun.	*Quiers (L).*
11 Sam.	*Tortona.*	11 Mar.	*Quiers, Turin.*
12 Dim.	*Noale, Capriate.*	12 Mer.	*Turin (L).*
13 Lun.	*Capriate.*	13 Jeud.	*Turin.*
14 Mar.	*Nizzo.*	14 Vend.	*Turin.*
15 Mer.	*Nizzo, Asti (L).*	15 Sam.	*Turin (L).*
16 Jeud.	*Asti.*	16 Dim.	*Turin (L).*
17 Vend.	*Asti.*	17 Lun.	*Turin.*
18 Sam.	*Asti.*	18 Mar.	*Turin, Quiers (L).*
19 Dim.	*Asti.*	19 Mer.	*Quiers (L).*
20 Lun.	*Asti.*	20 Jeud.	*Quiers.*
21 Mar.	*Asti.*	21 Vend.	*Quiers (L).*
22 Mer.	*Asti (L).*	22 Sam.	*Quiers.*
23 Jeud.	*Asti.*	23 Dim.	*Quiers.*
24 Vend.	*Asti.*	24 Lun.	*Quiers.*
25 Sam.	*Asti (L).*	25 Mar.	*Turin.*
26 Dim.	*Asti.*	26 Mer.	*Turin (L), Quiers.*
27 Lun.	*Asti, Quiers.*	27 Jeud.	*Quiers.*
28 Mar.	*Quiers.*	28 Vend.	*Quiers (L).*
29 Mer.	*Quiers (L).*	29 Sam.	*Turin (L).*
30 Jeud.	*Quiers (L).*	30 Dim.	*Turin (O), Quiers.*
31 Vend.	*Turin (L).*	31 Lun.	*Turin (L).*

SEPTEMBRE.

1 Mar.	*Turin.*	17 Jeud.	*Verceil.*
2 Mer.	*Turin.*	18 Vend.	*Verceil.*
3 Jeud.	*Turin.*	19 Sam.	*Verceil.*
4 Vend.	*Turin (L).*	20 Dim.	*Verceil.*
5 Sam.	*Turin (L), Montcallier.*	21 Lun.	*Verceil.*
6 Dim.	*Montcallier.*	22 Mar.	*Verceil.*
7 Lun.	*Montcallier.*	23 Mer.	*Verceil (L).*
8 Mar.	*Montcallier, Quiers.*	24 Jeud.	*Verceil (L).*
9 Mer.	*Quiers.*	25 Vend.	*Verceil.*
10 Jeud.	*Quiers, Turin (L), Chevaux.*	26 Sam.	*Verceil (L).*
11 Vend.	*Chevaux, Saint-Prat.*	27 Dim.	*Verceil (O).*
12 Sam.	*Saint-Prat, Verceil.*	28 Lun.	*Verceil (L).*
13 Dim.	*Verceil (L).*	29 Mar.	*Verceil.*
14 Lun.	*Verceil.*	30 Mer.	*Verceil (L).*
15 Mar.	*Verceil.*		
16 Mer.	*Verceil (L).*		

1495. ← PÂQUES, 19 avril.

OCTOBRE.

1	Jeud.	*Verceil.*
2	Vend.	*Verceil*
3	Sam.	
4	Dm.	
5	Lun.	*Asti* (L).
6	Mar.	*Verceil* (L).
7	Mer.	*Verceil.*
8	Jeud.	*Verceil.*
9	Vend.	*Verceil.*
10	Sam.	*Verceil* (L).
11	Dm.	*Verceil, Turin.*
12	Lun.	*Turin.*
13	Mar.	*Turin* (L).
14	Mer.	*Turin.*
15	Jeud.	*Turin, Crescentino* (L).
16	Vend.	*Crescentino, Sillon, Cesse.*
17	Sam.	*Turin.*
18	Dm.	*Turin, Quiers* (L).
19	Lun.	*Quiers.*
20	Mar.	*Quiers* (L), *Turin* (O).
21	Mer.	*Turin* (L).
22	Jeud.	*Turin* (L), *Rivolle, Suze.*
23	Vend.	*Suze, Briançon.*
24	Sam.	*Briançon, Embrun.*
25	Dm.	*Embrun, Saume, Gap.*
26	Lun.	*Gap, Saint-Exibe, la Mure.*
27	Mar.	*La Mure, Tault.*
28	Mer.	*Grenoble* (L).
29	Jeud.	*Grenoble.*
30	Vend.	*Grenoble.*
31	Sam.	*Grenoble.*

NOVEMBRE.

1	Dm.	*Grenoble.*
2	Lun.	*Grenoble* (L).
3	Mar.	*Grenoble.*
4	Mer.	*Grenoble, Saint-Rambert, Morans.*
5	Jeud.	*Morans, la Côte-Saint-André.*
6	Vend.	*Chatonnay.*
7	Sam.	*Vernissière, Lyon.*
8	Dm.	*Lyon* (B).
9	Lun.	*Lyon* (O).
10	Mar.	*Lyon* (O).
11	Mer.	*Lyon.*
12	Jeud.	*Lyon.*
13	Vend.	*Lyon.*
14	Sam.	
15	Dm.	*Lyon.*
16	Lun.	*Lyon sur le Rosne.*
17	Mar.	
18	Mer.	*Lyon.*
19	Jeud.	
20	Vend.	*Lyon.*
21	Sam.	
22	Dm.	*Lyon.*
23	Lun.	
24	Mar.	
25	Mer.	
26	Jeud.	*Lyon* (A).
27	Vend.	*Lyon* (L), (O).
28	Sam.	
29	Dm.	
30	Lun.	

DÉCEMBRE.

1	Mar.	*Lyon* (O).	17	Jeud.	
2	Mer.	*Lyon.*	18	Vend.	
3	Jeud.		19	Sam.	
4	Vend.		20	Dm.	
5	Sam.		21	Lun.	*Lyon* (L).
6	Dm.	*Lyon.*	22	Mar.	
7	Lun.	*Lyon* (L).	23	Mer.	*Lyon.*
8	Mar.		24	Jeud.	
9	Mer.	*Lyon.*	25	Vend.	
10	Jeud.	*Lyon.*	26	Sam.	
11	Vend.		27	Dm.	
12	Sam.		28	Lun.	*Lyon.*
13	Dm.	*Lyon* (L).	29	Mar.	*Lyon.*
14	Lun.		30	Mer.	
15	Mar.		31	Jeud.	
16	Mer.	*Lyon.*			

1488. — PÂQUES, 3 avril. B.

JANVIER.

1	Vend.	
2	Sam.	
3	Dim.	*Lyon.*
4	Lun.	
5	Mar.	
6	Mer.	
7	Jeud.	*Lyon.*
8	Vend.	*Lyon.*
9	Sam.	
10	Dim.	
11	Lun.	*Lyon (L).*
12	Mar.	*Lyon.*
13	Mer.	
14	Jeud.	
15	Vend.	
16	Sam.	
17	Dim.	*Lyon (L).*
18	Lun.	*Lyon (L).*
19	Mar.	
20	Mer.	
21	Jeud.	
22	Vend.	*Lyon (L).*
23	Sam.	
24	Dim.	*Lyon.*
25	Lun.	
26	Mar.	*Lyon (L).*
27	Mer.	*Lyon.*
28	Jeud.	*Lyon.*
29	Vend.	
30	Sam.	*Lyon.*
31	Dim.	*Lyon.*

FÉVRIER.

1	Lun.	
2	Mar.	
3	Mer.	
4	Jeud.	*Lyon (L).*
5	Vend.	*Lyon (O).*
6	Sam.	
7	Dim.	*Lyon.*
8	Lun.	*Lyon (L).*
9	Mar.	*Lyon.*
10	Mer.	
11	Jeud.	
12	Vend.	
13	Sam.	
14	Dim.	
15	Lun.	
16	Mar.	*Amboise.*
17	Mer.	*Amboise.*
18	Jeud.	*Blois.*
19	Vend.	*Blois, Amboise.*
20	Sam.	*Amboise.*
21	Dim.	*Amboise.*
22	Lun.	*Amboise.*
23	Mar.	*Amboise.*
24	Mer.	
25	Jeud.	
26	Vend.	
27	Sam.	*Montils-les-Tours.*
28	Dim.	*Tours.*
29	Lun.	*Amboise.*

MARS.

1	Mar.	*Amboise.*
2	Mer.	*Amboise.*
3	Jeud.	*Amboise.*
4	Vend.	*Amboise.*
5	Sam.	*Amboise.*
6	Dim.	*Amboise.*
7	Lun.	*Amboise.*
8	Mar.	*Amboise (L).*
9	Mer.	*Amboise (G), Blois.*
10	Jeud.	*Blois.*
11	Vend.	*Cléry.*
12	Sam.	*Cléry, Orléans.*
13	Dim.	
14	Lun.	*Malesherbes, Milly.*
15	Mar.	
16	Mer.	
17	Jeud.	
18	Vend.	
19	Sam.	*Sens (O).*
20	Dim.	*Sens.*
21	Lun.	*Villeneuve-le-Roi.*
22	Mar.	*Joigny.*
23	Mer.	*Auxerre, entrée du roi.*
24	Jeud.	
25	Vend.	*Premery.*
26	Sam.	
27	Dim.	
28	Lun.	
29	Mar.	
30	Mer.	
31	Jeud.	

1486. — PÂQUES, 3 avril. B.

AVRIL.		MAI.	
1 Vend.		1 Dm.	
2 Sam.		2 Lun.	Lyon.
3 Dm.		3 Mar.	
4 Lun.	Lyon.	4 Mer.	Lyon, Roanne (L).
5 Mar.		5 Jeud.	Roanne (L).
6 Mer.	Lyon, Roanne (L).	6 Vend.	
7 Jeud.		7 Sam.	
8 Vend.	Lyon.	8 Dm.	
9 Sam.		9 Lun.	
10 Dm.		10 Mar.	
11 Lun.		11 Mer.	Lyon.
12 Mar.		12 Jeud.	
13 Mer.		13 Vend.	Lyon (L).
14 Jeud.	Lyon (L).	14 Sam.	
15 Vend.		15 Dm.	
16 Sam.	Lyon.	16 Lun.	Lyon (L).
17 Dm.	Saint-Just-lès-Lyon.	17 Mar.	Lyon.
18 Lun.		18 Mer.	Lyon (L).
19 Mar.		19 Jeud.	
20 Mer.		20 Vend.	Lyon (L).
21 Jeud.		21 Sam.	
22 Vend.		22 Dm.	Lyon.
23 Sam.		23 Lun.	Saint-Just-les-Lyon.
24 Dm.	Lyon (O).	24 Mar.	Lyon.
25 Lun.	Lyon.	25 Mer.	Lyon.
26 Mar.		26 Jeud.	
27 Mer.		27 Vend.	Lyon.
28 Jeud.	Lyon.	28 Sam.	Lyon (O).
29 Vend.		29 Dm.	Lyon.
30 Sam.	Lyon.	30 Lun.	Lyon.
		31 Mar.	Lyon (L).

JUIN.			
1 Mer.	Lyon.	17 Vend.	Lyon.
2 Jeud.	Saint-Just-les-Lyon.	18 Sam.	
3 Vend.	Lyon (L).	19 Dm.	
4 Sam.		20 Lun.	
5 Dm.	Lyon.	21 Mar.	
6 Lun.		22 Mer.	Lyon.
7 Mar.	Lyon (L).	23 Jeud.	
8 Mer.	Lyon.	24 Vend.	
9 Jeud.		25 Sam.	
10 Vend.		26 Dm.	
11 Sam.		27 Lun.	
12 Dm.	Lyon.	28 Mar.	
13 Lun.	Lyon.	29 Mer.	
14 Mar.	Lyon.	30 Jeud.	
15 Mer.			
16 Jeud.	Lyon.		

1486. — PÂQUES, 3 avril. B.

JUILLET.

1	Vend.	La Palisse (L).
2	Sam.	
3	Dim.	Pont-de-Chargey.
4	Lun.	Saint-Just, Bourges.
5	Mar.	Jansac.
6	Mer.	
7	Jeud.	Bessey.
8	Vend.	Saint-Gengoux, Châtillon.
9	Sam.	Châtillon-sur-Indre (L).
10	Dim.	Châtillon.
11	Lun.	Châtillon.
12	Mar.	Châtillon.
13	Mer.	Châtillon.
14	Jeud.	Châtillon.
15	Vend.	Chemilly, Amboise.
16	Sam.	Amboise.
17	Dim.	Amboise.
18	Lun.	Montils-les-Tours.
19	Mar.	Tours.
20	Mer.	Tours.
21	Jeud.	Tours.
22	Vend.	Montils (O).
23	Sam.	Tours.
24	Dim.	Montils-les-Tours.
25	Lun.	Tours.
26	Mar.	Amboise.
27	Mer.	
28	Jeud.	
29	Vend.	
30	Sam.	
31	Dim.	Amboise.

AOÛT.

1	Lun.	Amboise.
2	Mar.	
3	Mer.	
4	Jeud.	
5	Vend.	
6	Sam.	Montils-les-Tours.
7	Dim.	
8	Lun.	
9	Mar.	Amboise.
10	Mer.	
11	Jeud.	Amboise (L).
12	Vend.	
13	Sam.	Amboise.
14	Dim.	
15	Lun.	
16	Mar.	
17	Mer.	
18	Jeud.	
19	Vend.	
20	Sam.	
21	Dim.	Sablé (L), (O).
22	Lun.	
23	Mar.	Montils-les-Tours.
24	Mer.	Montils (L), Plessis-les-Tours.
25	Jeud.	
26	Vend.	
27	Sam.	Montils-les-Tours.
28	Dim.	Sablé.
29	Lun.	
30	Mar.	
31	Mer.	Montils-les-Tours.

SEPTÉMBRE.

1	Jeud.	Tours.
2	Vend.	
3	Sam.	Montils-les-Tours.
4	Dim.	
5	Lun.	
6	Mar.	
7	Mer.	Montils.
8	Jeud.	Montils (L).
9	Vend.	
10	Sam.	
11	Dim.	Plessis-du-Parc.
12	Lun.	
13	Mar.	
14	Mer.	
15	Jeud.	Plessis.
16	Vend.	
17	Sam.	Plessis-du-Parc.
18	Dim.	Tours.
19	Lun.	Tours.
20	Mar.	Montils-les-Tours.
21	Mer.	Montils-les-Tours.
22	Jeud.	Tours (G).
23	Vend.	Tours, Montils (L).
24	Sam.	Tours.
25	Dim.	Tours.
26	Lun.	Tours.
27	Mar.	Tours.
28	Mer.	Montils-les-Tours.
29	Jeud.	Tours.
30	Vend.	Tours.

1498. — PÂQUES, 3 avril. B.

OCTOBRE.		NOVEMBRE.	
1 Sam.	*Plessis-les-Tours.*	1 Mar.	
2 Dim.	*Plessis-les-Tours.*	2 Mer.	*Lyon.*
3 Lun.	*Montils-les-Tours.*	3 Jeud.	
4 Mar.	*Tours.*	4 Vend.	
5 Mer.	*Tours, Amboise.*	5 Sam.	*Lyon.*
6 Jeud.	*Amboise.*	6 Dim.	*Lyon (L).*
7 Vend.	*Amboise.*	7 Lun.	
8 Sam.	*Amboise.*	8 Mar.	
9 Dim.	*Amboise (O).*	9 Mer.	*Lyon.*
10 Lun.	*Amboise, Tours*	10 Jeud.	
11 Mar.	*Tours.*	11 Vend.	*Lyon (O).*
12 Mer.	*Tours.*	12 Sam.	*Lyon.*
13 Jeud.	*Tours.*	13 Dim.	
14 Vend.	*Tours.*	14 Lun.	
15 Sam.	*Tours.*	15 Mar.	*Lyon.*
16 Dim.	*Tours.*	16 Mer.	*Lyon (O).*
17 Lun.	*Tours, Amboise.*	17 Jeud.	
18 Mar.	*Amboise.*	18 Vend.	
19 Mer.	*Amboise, Tours (L).*	19 Sam.	*Lyon.*
20 Jeud.		20 Dim.	
21 Vend.		21 Lun.	*Lyon sur le Rosne.*
22 Sam.		22 Mar.	
23 Dim.		23 Mer.	
24 Lun.	*Ardenti (L).*	24 Jeud.	
25 Mar.		25 Vend.	
26 Mer.		26 Sam.	*Lyon.*
27 Jeud.		27 Dim.	*Lyon (L).*
28 Vend.		28 Lun.	*Lyon (L).*
29 Sam.		29 Mar.	
30 Dim.		30 Mer.	*Lyon.*
31 Lun.			

La Châtre-en-Berri. — Souvigny.

DÉCEMBRE.			
1 Jeud.		17 Sam.	
2 Vend.		18 Dim.	*Lyon (L).*
3 Sam.		19 Lun.	*Lyon.*
4 Dim.		20 Mar.	*Lyon.*
5 Lun.	*Lyon (L).*	21 Mer.	*Lyon (L).*
6 Mar.		22 Jeud.	*Lyon.*
7 Mer.	*Lyon (L).*	23 Vend.	*Lyon.*
8 Jeud.		24 Sam.	
9 Vend.		25 Dim.	
10 Sam.		26 Lun.	
11 Dim.	*Notre-Dame-de-la-Baume (L).*	27 Mar.	
12 Lun.		28 Mer.	*Lyon.*
13 Mar.		29 Jeud.	*Lyon.*
14 Mer.		30 Vend.	*Lyon (L).*
15 Jeud.		31 Sam.	*Lyon (L).*
16 Vend.	*Lyon.*		

1497. — PAQUES, 26 mars.

JANVIER.

1	Dim.	
2	Lun.	*Lyon.*
3	Mar.	
4	Mer.	*Lyon.*
5	Jeud.	*Lyon.*
6	Vend.	*Lyon.*
7	Sam.	*Lyon* (L).
8	Dim.	
9	Lun.	*Lyon.*
10	Mar.	
11	Mer.	*Lyon.*
12	Jeud.	*Lyon* (L).
13	Vend.	*Lyon.*
14	Sam.	*Lyon.*
15	Dim.	
16	Lun.	
17	Mar.	*Lyon* (L).
18	Mer.	*Lyon* (L).
19	Jeud.	*Lyon.*
20	Vend.	*Lyon* (L).
21	Sam.	
22	Dim.	*Lyon* (L).
23	Lun.	*Lyon* (L).
24	Mar.	*Lyon.*
25	Mer.	
26	Jeud.	*Lyon* (L).
27	Vend.	*Lyon* (L).
28	Sam.	
29	Dim.	
30	Lun.	*Lyon* (L).
31	Mar.	*Lyon* (L).

FÉVRIER.

1	Mer.	*Lyon.*
2	Jeud.	*Lyon.*
3	Vend.	*Lyon.*
4	Sam.	*Lyon.*
5	Dim.	*Lyon.*
6	Lun.	*Lyon.*
7	Mar.	*Lyon.*
8	Mer.	*Lyon.*
9	Jeud.	*Lyon.*
10	Vend.	*Lyon.*
11	Sam.	*Lyon.*
12	Dim.	*Lyon.*
13	Lun.	*Lyon.*
14	Mar.	*Lyon* (L).
15	Mer.	*Lyon* (L).
16	Jeud.	*Lyon.*
17	Vend.	*Lyon.*
18	Sam.	*Lyon.*
19	Dim.	*Lyon.*
20	Lun.	*Lyon* (L).
21	Mar.	*Lyon.*
22	Mer.	*Lyon.*
23	Jeud.	*Lyon* (L).
24	Vend.	*Lyon.*
25	Sam.	*Lyon.*
26	Dim.	*Lyon.*
27	Lun.	*Lyon* (O).
28	Mar.	*Lyon.*

MARS.

1	Mer.	*Lyon.*
2	Jeud.	*Lyon.*
3	Vend.	*Lyon.*
4	Sam.	*Lyon.*
5	Dim.	*Lyon.*
6	Lun.	*Lyon.*
7	Mar.	*Lyon.*
8	Mer.	*Lyon.*
9	Jeud.	*Lyon.*
10	Vend.	*Lyon.*
11	Sam.	*Lyon.*
12	Dim.	*Lyon.*
13	Lun.	*Lyon.*
14	Mar.	*Lyon.*
15	Mer.	*Lyon.*
16	Jeud.	*Lyon.*
17	Vend.	*Lyon.*
18	Sam.	*Lyon.*
19	Dim.	*Lyon.*
20	Lun.	*Lyon* (O).
21	Mar.	*Lyon.*
22	Mer.	*Lyon.*
23	Jeud.	*Lyon.*
24	Vend.	*Lyon.*
25	Sam.	*Lyon.*
26	Dim.	*Lyon.*
27	Lun.	*Lyon.*
28	Mar.	*Lyon.*
29	Mer.	*Lyon.*
30	Jeud.	*Lyon.*
31	Vend.	*Lyon.*

1497. — PÂQUES, 28 mars.

AVRIL.

1	Sam.	*Lyon.*
2	Dim.	*Saint-Just-les-Lyon.*
3	Lun.	*Lyon.*
4	Mar.	*Lyon.*
5	Mer.	*Lyon.*
6	Jeud.	*Saint-Just-les-Lyon.*
7	Vend.	*Lyon.*
8	Sam.	*Lyon.*
9	Dim.	*Lyon.*
10	Lun.	*Saint-Just-les-Lyon.*
11	Mar.	*Lyon.*
12	Mer.	*Lyon.*
13	Jeud.	*Lyon.*
14	Vend.	*Lyon.*
15	Sam.	*Saint-Just.*
16	Dim.	*Lyon.*
17	Lun.	*Saint-Just-les-Lyon.*
18	Mar.	*Lyon.*
19	Mer.	*Lyon.*
20	Jeud.	*Lyon.*
21	Vend.	*Lyon.*
22	Sam.	*Lyon* (L), *Saint-Just.*
23	Dim.	*Lyon.*
24	Lun.	*Lyon.*
25	Mar.	*Lyon.*
26	Mer.	*Lyon.*
27	Jeud.	*Saint-Just-les-Lyon* (O).
28	Vend.	*Lyon.*
29	Sam.	*Lyon.*
30	Dim.	*Lyon, Saint-Just.*

MAI.

1	Lun.	
2	Mar.	*Lyon.*
3	Mer.	*Saint-Just-les-Lyon* (O).
4	Jeud.	
5	Vend.	*Lyon.*
6	Sam.	*Saint-Just-les-Lyon.*
7	Dim.	*Lyon.*
8	Lun.	*Saint-Just-les-Lyon.*
9	Mar.	*Lyon.*
10	Mer.	
11	Jeud.	*Lyon.*
12	Vend.	*Lyon* (O), *Saint-Just.*
13	Sam.	*Lyon.*
14	Dim.	*Lyon.*
15	Lun.	*Lyon.*
16	Mar.	*Lyon.*
17	Mer.	*Lyon.*
18	Jeud.	*Lyon, Saint-Just.*
19	Vend.	
20	Sam.	
21	Dim.	
22	Lun.	
23	Mar.	*Saint-Just-les-Lyon.*
24	Mer.	*Lyon.*
25	Jeud.	
26	Vend.	*Saint-Just-de-Lyon.*
27	Sam.	
28	Dim.	
29	Lun.	
30	Mar.	
31	Mer.	*Saint-Just-de-Lyon.*

JUIN.

1	Jeud.	
2	Vend.	
3	Sam.	
4	Dim.	*Saint-Just-les-Lyon.*
5	Lun.	
6	Mar.	*Saint-Just-les-Lyon.*
7	Mer.	
8	Jeud.	*Lyon.*
9	Vend.	
10	Sam.	
11	Dim.	
12	Lun.	
13	Mar.	*Lyon.*
14	Mer.	
15	Jeud.	*Tarare.*
16	Vend.	
17	Sam.	
18	Dim.	
19	Lun.	
20	Mar.	
21	Mer.	
22	Jeud.	
23	Vend.	
24	Sam.	
25	Dim.	
26	Lun.	*Moulins* (L).
27	Mar.	
28	Mer.	*Moulins.*
29	Jeud.	
30	Vend.	

La Bresle près Lyon (T).

1487. — PÂQUES, 28 mars.

JUILLET.

Jour		Lieu
1	Sam.	
2	Dim.	
3	Lun.	
4	Mar.	
5	Mer.	
6	Jeud.	
7	Vend.	
8	Sam.	*Moulins.*
9	Dim.	*Moulins (O).*
10	Lun.	*Moulins.*
11	Mar.	
12	Mer.	
13	Jeud.	
14	Vend.	
15	Sam.	*Moulins.*
16	Dim.	
17	Lun.	*Moulins (L).*
18	Mar.	
19	Mer.	
20	Jeud.	*Au Breuil.*
21	Vend.	*La Palice.*
22	Sam.	
23	Dim.	*La Palice.*
24	Lun.	
25	Mar.	
26	Mer.	*Arcys.*
27	Jeud.	
28	Vend.	
29	Sam.	
30	Dim.	
31	Lun.	

AOÛT.

Jour		Lieu
1	Mar.	
2	Mer.	*Donjon-en-Bourbonnais.*
3	Jeud.	*Donjon.*
4	Vend.	*Jaligny-en-Bourbonnais.*
5	Sam.	
6	Dim.	
7	Lun.	
8	Mar.	
9	Mer.	*Moulins.*
10	Jeud.	
11	Vend.	
12	Sam.	
13	Dim.	*Moulins.*
14	Lun.	
15	Mar.	
16	Mer.	*Moulins.*
17	Jeud.	
18	Vend.	*Moulins.*
19	Sam.	*Moulins (L).*
20	Dim.	
21	Lun.	
22	Mar.	
23	Mer.	
24	Jeud.	
25	Vend.	
26	Sam.	*Moulins.*
27	Dim.	
28	Lun.	
29	Mar.	
30	Mer.	*Moulins (L).*
31	Jeud.	

SEPTEMBRE.

Jour		Lieu
1	Vend.	
2	Sam.	*Moulins (O).*
3	Dim.	*Moulins.*
4	Lun.	
5	Mar.	
6	Mer.	
7	Jeud.	
8	Vend.	
9	Sam.	
10	Dim.	*Moulins (L).*
11	Lun.	
12	Mar.	
13	Mer.	
14	Jeud.	
15	Vend.	*Moulins.*
16	Sam.	*Moulins.*
17	Dim.	
18	Lun.	*Bourbon-l'Archambaud.*
19	Mar.	
20	Mer.	
21	Jeud.	*Souvigny.*
22	Vend.	
23	Sam.	
24	Dim.	
25	Lun.	
26	Mar.	
27	Mer.	
28	Jeud.	*Moulins (L).*
29	Vend.	*Moulins.*
30	Sam.	*Moulins.*

1497. — PÂQUES, 23 mars.

OCTOBRE.

1	Dim.	Souvigny.
2	Lun.	Souvigny, Châteauneuf.
3	Mar.	Saint-Supplice-de-......, Issoire.
4	Mer.	Issoire, N.-D.-de-Chevron-Benoît.
5	Jeud.	Saint-Silvain-de-Levroux.
6	Vend.	Nanteuil-les-Montrichart.
7	Sam.	Amboise.
8	Dim.	Amboise.
9	Lun.	Amboise.
10	Mar.	Amboise.
11	Mer.	Amboise.
12	Jeud.	Amboise.
13	Vend.	Amboise.
14	Sam.	Amboise.
15	Dim.	Amboise.
16	Lun.	Amboise.
17	Mar.	Plessis-lès-Tours.
18	Mer.	Tours.
19	Jeud.	Tours (O).
20	Vend.	Tours.
21	Sam.	Tours.
22	Dim.	Tours.
23	Lun.	Tours.
24	Mar.	Tours.
25	Mer.	Amboise.
26	Jeud.	Amboise.
27	Vend.	Montrichard, Amboise.
28	Sam.	Selles-en-Berry.
29	Dim.	Au pont de Barangeon.
30	Lun.	Dun-le-Roi.
31	Mar.	Moulins.

NOVEMBRE.

1	Mer.	Moulins.
2	Jeud.	Moulins.
3	Vend.	Moulins.
4	Sam.	Moulins.
5	Dim.	Moulins.
6	Lun.	Moulins.
7	Mar.	Moulins.
8	Mer.	Moulins.
9	Jeud.	Moulins.
10	Vend.	Moulins.
11	Sam.	Moulins.
12	Dim.	Moulins.
13	Lun.	Moulins (G).
14	Mar.	Moulins.
15	Mer.	Moulins (L).
16	Jeud.	Moulins.
17	Vend.	Moulins.
18	Sam.	Moulins.
19	Dim.	Moulins.
20	Lun.	Moulins.
21	Mar.	Moulins.
22	Mer.	Moulins.
23	Jeud.	Moulins (L).
24	Vend.	Moulins.
25	Sam.	Moulins (L).
26	Dim.	Moulins.
27	Lun.	Moulins (L).
28	Mar.	Moulins.
29	Mer.	Moulins.
30	Jeud.	Moulins.

DÉCEMBRE.

1	Vend.	Moulins.
2	Sam.	Moulins, Bourbon.
3	Dim.	Bourbon, Cevilly.
4	Lun.	Saint-Aignan.
5	Mar.	Châteauneuf, Saint-Florent.
6	Mer.	Pont de Barangeon, Villefranche.
7	Jeud.	Montrichard.
8	Vend.	Nanteuil-les-Montrichard.
9	Sam.	Nanteuil-les-Montrichard, Amboise.
10	Dim.	Amboise.
11	Lun.	Amboise.
12	Mar.	Amboise.
13	Mer.	Amboise (L).
14	Jeud.	Amboise.
15	Vend.	Amboise.
16	Sam.	Amboise.
17	Dim.	Amboise.
18	Lun.	Amboise.
19	Mar.	Amboise.
20	Mer.	Amboise.
21	Jeud.	Amboise.
22	Vend.	Amboise (L), (O).
23	Sam.	Amboise.
24	Dim.	Amboise.
25	Lun.	Amboise.
26	Mar.	Amboise.
27	Mer.	Amboise.
28	Jeud.	Amboise (L).
29	Vend.	Amboise.
30	Sam.	Amboise.
31	Dim.	Amboise.

1499. — PÂQUES, 15 avril.

JANVIER.		FÉVRIER.	
1 Lun.	*Amboise.*	1 Jeud.	*Amboise.*
2 Mar.	*Amboise (L).*	2 Vend.	*Amboise (T).*
3 Mer.	*Amboise.*	3 Sam.	*Amboise.*
4 Jeud.	*Amboise.*	4 Dim.	*Amboise (L).*
5 Vend.	*Amboise.*	5 Lun.	*Amboise.*
6 Sam.	*Amboise (O).*	6 Mar.	*Pontlevoy, Amboise (L).*
7 Dim.	*Amboise.*	7 Mer.	
8 Lun.	*Amboise.*	8 Jeud.	*Romorantin.*
9 Mar.	*Amboise.*	9 Vend.	*Vierzon.*
10 Mer.	*Amboise.*	10 Sam.	*Mehun-sur-Yèvre.*
11 Jeud.	*Amboise.*	11 Dim.	*Bourges.*
12 Vend.	*Amboise (L).*	12 Lun.	*Bourges.*
13 Sam.	*Amboise.*	13 Mar.	*Dun-le-Roi.*
14 Dim.	*Amboise (L).*	14 Mer.	*Couleuvre ou Coulenave.*
15 Lun.	*Amboise.*	15 Jeud.	*Bourbon.*
16 Mar.	*Amboise.*	16 Vend.	*Moulins.*
17 Mer.	*Amboise.*	17 Sam.	*Moulins.*
18 Jeud.	*Amboise.*	18 Dim.	*Moulins (L).*
19 Vend.	*Amboise.*	19 Lun.	*Moulins (L).*
20 Sam.	*Amboise.*	20 Mar.	*Moulins.*
21 Dim.	*Amboise (L).*	21 Mer.	*Moulins.*
22 Lun.	*Amboise.*	22 Jeud.	*Moulins (L).*
23 Mar.	*Amboise (O).*	23 Vend.	*Moulins (L).*
24 Mer.	*Amboise.*	24 Sam.	*Moulins.*
25 Jeud.	*Amboise.*	25 Dim.	*Moulins.*
26 Vend.	*Amboise (L).*	26 Lun.	*Moulins.*
27 Sam.	*Amboise.*	27 Mar.	*Moulins.*
28 Dim.	*Amboise.*	28 Mer.	*Moulins (L).*
29 Lun.	*Amboise (L).*		
30 Mar.	*Amboise.*		
31 Mer.	*Amboise.*		

MARS.			
1 Jeud.	*Moulins.*	17 Sam.	*Amboise.*
2 Vend.	*Bourbon-l'Archambaud.*	18 Dim.	*Amboise.*
3 Sam.	*Coulenave.*	19 Lun.	*Amboise.*
4 Dim.	*Dun-le-Roi.*	20 Mar.	*Amboise.*
5 Lun.	*Dun-le-Roi.*	21 Mer.	*Amboise.*
6 Mar.	*Bourges.*	22 Jeud.	*Amboise.*
7 Mer.	*Bourges.*	23 Vend.	*Amboise.*
8 Jeud.	*Bourges.*	24 Sam.	*Amboise.*
9 Vend.	*Mehun-sur-Yèvre.*	25 Dim.	*Tours.*
10 Sam.	*Vierzon.*	26 Lun.	*Tours.*
11 Dim.	*Villefranche-sur-Cher.*	27 Mar.	*Tours.*
12 Lun.	*Villefranche-sur-Cher.*	28 Mer.	*Tours.*
13 Mar.	*Nogent-en-Soullogne.*	29 Jeud.	*Tours.*
14 Mer.	*Amboise (L).*	30 Vend.	*Tours.*
15 Jeud.	*Amboise (G).*	31 Sam.	*Tours.*
16 Vend.	*Amboise.*		

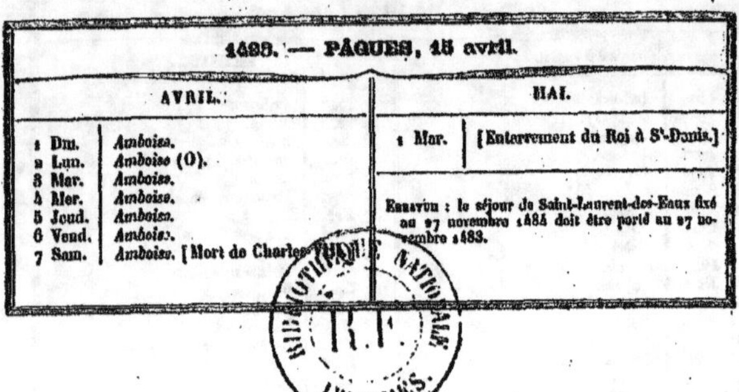

1483. — PÂQUES, 15 avril.

AVRIL.		MAI.	
1 Dim.	Amboise.	1 Mar.	[Enterrement du Roi à St-Denis.]
2 Lun.	Amboise (O).		
3 Mar.	Amboise.		
4 Mer.	Amboise.		Erratum : le séjour de Saint-Laurent-des-Eaux fixé
5 Jeud.	Amboise.		au 27 novembre 1484 doit être porté au 27 no-
6 Vend.	Amboise.		vembre 1483.
7 Sam.	Amboise. [Mort de Charles VIII.]		

BIBLIOTHÈQUE NATIONALE — R.F. — IMPRIMÉS.

www.ingramcontent.com/pod-product-compliance
Lightning Source LLC
LaVergne TN
LVHW010407060726
842526LV00005B/1551